The Hospitality way

ザ・ホスピタリティ・ウェイ

人としてホスピタリティの考え方を持って生き続けるということ

中根 貢 著

THE HOSPITALITY WAY THE HOSPITALITY WAY THE HOSPITALITY WAY

産業能率大学出版部

　ホスピタリティという言葉を聴いてどのようなことを思い浮かべるだろうか？

　一般的には「思いやり」や「おもてなしの心」といいう言葉が連想されるはずである。

　ホスピタリティに関する概念は、ホテル・旅館、レストランといったサービス業、そして医療機関・福祉等の一部のホスピタリティ業界を対象に、「思いやりの心」や「おもてなしの心」として捉えられてきた。

　そして、一般企業では「思いやりのある、心からのおもてなし」というスローガンで終わり、ともすると、お辞儀の仕方や挨拶の仕方のようなトレーニングに位置付けられ、マナーと同レベルに扱われてきた。

　これらはホスピタリティの表層的な部分を見ているにすぎない。「相互容認」「相互扶助」「相互発展」を遂げるホスピタリティ本来の概念で捉えた場合、ホスピタリティの概念はさらに拡大し、その適応範囲は特定の業界・業種から産業界すべてに広がる可能性がある。

　本稿で扱うホスピタリティは一般的にいわれている「思いやり」「おもてなし」をコンセプトの核とはしていない。ホスピタリティは、人間そのものを真正面から捉え、「人間らしさ」ということはどういうことなのかを問い、その本質である「人として」を考察することにより人倫、社会倫理にまで影響を与える。

　今の社会とホスピタリティを関連付けるときに、従来使われてきた「ホスピタリティ」という言葉の概念に縛られてビジネスに結び付けられない人と、コンセプトを広く柔軟に解釈して、様々な部分に関連付けてビジネスを展開できる人との間で今後、大きな違いが出てくる。

　本稿はホスピタリティの考え方を人倫、社会倫理として捉え、様々な業種・業界に適用され、組織のマネジメントソリューションに貢献しうる方法論にするよう提案していく。

2020年　2月　中根　貢

第4章 慈雲尊者の思想の現代性とホスピタリティとの関係性

第5章 福祉施設等従事者による虐待防止と権利擁護

第6章　ひととして人の悲しみを受け入れる

第1章

ホスピタリティの意義

　これらからのホスピタリティの核となるものは社会倫理、人倫を前提に人としてどのように生きるかを示したものと考えられる。一般的にホスピタリティは「思いやり」「おもてなし」という概念で捉えられてきた。これらはホスピタリティの表層的な部分を見ているにすぎない。「相互容認」「相互扶助」「相互発展」を遂げるホスピタリティ本来の概念で捉えた場合、ホスピタリティの概念はさらに拡大し、人間そのものを真正面で捉え、「人間らしさ」ということを問い、その場の状況、相手の感情、その事象に合わせ、人として独自化対応をとることにあると考えられる。

　現状のビジネスとホスピタリティを関連付けるときに、従来使われてきた「ホスピタリティ」という言葉の概念に縛られてビジネスに結び付けられない人と、コンセプトを広く柔軟に解釈して、様々な部分に関連付けてビジネスを展開できる人との間で今後、大きな違いが出てくる。ホスピタリティは「人となる道」の方向性を示した哲学といえる。

1 ホスピタリティの意義

1 ホスピタリティの概念

　ホスピタリティ（Hospitality）とはもともと、ラテン語の「（自分に危害を加えない）好ましいよそ者」のhostisと、歓待する者であるhospesを語源に持つ言葉とされている。危害を加える可能性のある者に対するhostility（敵対）が同根であることも、ホスピタリティの特色を表している。古代ローマでは、ギリシャ人ほか、戦闘で勝利した戦利品である人質を領土内に住まわせ、ローマ人と同等の市民権を与えることで彼らを好ましいよそ者として遇した。この異文化を積極的に受け入れる力が巨大な多民族国家の礎になり1,000年以上も続く帝国を築き[1]、さらには後の欧州の思想の礎になった。hostis、hospes、hospitalis、hospitality とは、このような時代の役割を担い、人間活動を支えてきた言葉である。

　言葉というのは、それが生まれた時代背景の下で、どのような役割を担い、人間活動を支え、社会と一体になってきたのかという実体から離れて現在使用されている言語だけに目を奪われてしまうと、その言葉が本来投げ掛けている声を聞き逃すことになる。古代ローマ帝国で生まれた、「ホスピタリティ」という言葉を現代に重ねたときに、この言葉が本来担っている、「時代を支える寛容性」「自立性といったミッション」が活きているのではないかと考えてみる意義も見逃すことはできない。「ローマが巨大多民族国家であり、ローマ帝国の最大版図のときの面積は約1億4,900万kmであるのに対して、米国は約936万km。他方、ローマの公道網は米国の全ハイウェイ網88,000kmに匹敵し、支線道路も合わせると約29万kmになるとそれを巨大国家としてとらえることができる[2]」。そして長きにわたって栄える源となったものは「よそ者」「異文化」に寛容な精神で、それがホスピタリティであったと考えられる。

　「紀元前776年から紀元前393年まで４年に１度オリンピアで開かれた「オリンピア祭典競技」（オリンピック）には各地から多くの人々が参加して競技を楽しみ、それを観覧する人々が集まった[3]」とされている。これらの旅行者のためにギリシャの都市国家は街道沿いに「タナベル」と称する簡易食堂が建てられ、食事が振る舞われ、旅行者は街道沿いの民家に泊まることが習慣となっていた。そして、中世ヨーロッパにおいてはキリストの誕生地（メッカ）のエルサレムに行って現地の教会で祈りを捧げたいという熱心なキリスト教徒が多く存在していた。難所といわれているスイスの山越えで疲労した旅人に対して食事やベッドを提供し、修道院が怪我や、病気になった旅人を治療する役割を持っていた。これがホテル（hotel）、病院（hospital）の元となった。

　ローマ帝国の時代に人の移動と共に必然的に拡大していったホテルとレストラン、そして旅行の分野がいわゆるホスピタリティ産業であるとされる。これは、地域の発展と外貨獲得に大きな貢献が期待できるという認識があったため、様々な国で重要な産業として位置付けられてきた。

　ホスピタリティ産業とはサービス産業の中でも特にホスピタリティという要素が強い産業群であり、ビジネスにおいて重要な核としてホスピタリティが機能することを期待される産業である。

図表 1 - 1　ホスピタリティという要素が強い産業群

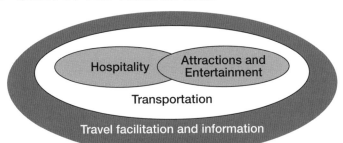

　「それらの産業はHospitality（飲食店業・ホテル・会議場・マリーナ等）、Attractions and entertainment（テーマパーク・観光地等）、

Transportation（航空機業界・電鉄・バス等）Travel facilitation and information（旅行業者等）等が代表とされる[4]。」これらのことを、ホスピタリティ・ツーリズムという。

　このような産業分野に最も近いのは、日本語でいう「観光」の分野である。観光とは「光を観る」と書き、サンスクリット語で「光」はDivであり、この言葉から派生したDevaは智慧（ちえ）、神（けんそう）を表す。都会の喧騒によって自分の心の光を失いかけた人々が旅に出て、新しい土地に出向き様々な出会いや体験をし、再度自分の心に輝いている光を見つめなおすことである。このような意味から日本においても「湯治」「かかりつけ湯」「自分探しの旅」「可愛い子には旅をさせよ」というようにホスピタリティの適用がされてきた経緯がある。

　ヨーロッパにおいてホスピタリティによる地域発展という発想は街の活性化と増収につながり、外貨獲得は旅行業、宿泊業、輸送業のみならず、現代では製造業やICT産業などすべての業界に拡大されるものであると考える。

◢◤❷ホスピタリティの誤解

　ホスピタリティとは何かを調べると以下のような回答にあたる。

　「心のこもったもてなし。手厚いもてなし」（日本国語大辞典）、「客や他人の、報酬を求めない厚遇、歓待、心のこもったサービス」（ランダムハウス英和大辞典）、「訪問者を丁重にもてなすこと」（大辞林）というように、日本ではホスピタリティは「おもてなし」「思いやり」であると断言してしまっている情報が多いのが実態である。

　確かに日本においてホスピタリティは、ホテル・旅館、レストランや医療機関・福祉等のホスピタリティ産業で「思いやりの心」や「おもてなしの心」として捉えられ、ホスピタリティの実践というと『思いやりのある、心からのおもてなし』というスローガンで終わり、ともするとお辞儀や挨拶のような接遇トレーニングに位置付けられ、ホスピタリティはマナーと

同等な低レベルの概念として扱われてきた。

　しかし、ホスピタリティが単に「おもてなし」「思いやり」のみの解釈であった場合、ホスピタリティ産業以外の業界への適用が困難となる。このようにホスピタリティの表層的な部分を見ているにすぎないことは問題である。ホスピタリティの概念を広義に捉えた場合、その適応範囲はホスピタリティ産業からさらに拡大し、産業界すべてに適応できる可能性があると考える。

▶ **3**「思いやり」「おもてなし」の検証

　現在は、情報の過多により風評も虚偽も、あたかも真実のように提供されている。確かに「思いやりの心」や「おもてなしの心」もホスピタリティが持つ本来の意味と類似しているが、これらはホスピタリティの一部の表層的な部分をデフォルメしているにすぎないのである。

　ここでは、「思いやりの心」や「おもてなしの心」がどのような本来構造となっているのか、そして、狭義でのホスピタリティとどのような共通点が存在するのかを探っていく。

(1) 思いやりの構造

　「思いやり」の「思い」は相手の気持ちになって考え共感すること、「やり（遣り）」は届ける・差し向ける・行うことである。「思いやり」とは自分が「その人の身になって考えること、察して気づかうこと」である。オスカー・ワイルドは『理想の夫』という演劇の中で登場人物の一人に「自分自身を愛することが、一生続くロマンスの始まりだ[(5)]」と言わせている。自分を愛し、肯定することは自らの存在が他の人に役立つという安心となり、不足感から充足感へと変化する。自分のことを大切にし自分を育てる、その過程が他の人を思いやろうとする気持ちとエネルギーに影響する。自分を否定している人は相手を肯定することはできない。「思いやり」とは人間関係においてまず自分を肯定し、次に相手を肯定することを選択

することが前提であり、「その人の身になって考える、察して気づかう」という姿勢で接することがホスピタリティを実現する上で必要である。

　まず、思いやりとは自分を肯定し、対面している相手を肯定し興味を持ち観察することから始まる。その根底にはどのようなプロセスがあるかを構造化すると**図表1-2**のようになる。

図表1-2　**思いやりの構造**

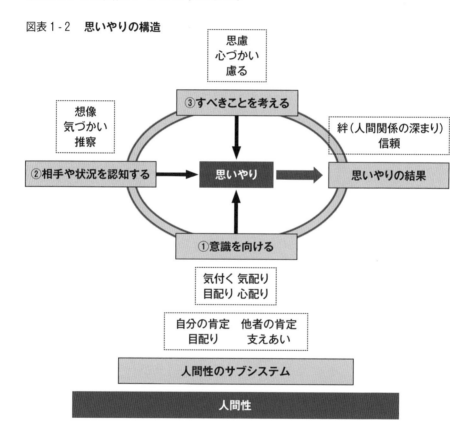

① **状況への集中力**：目配り、気配り、心配りをすることにより相手に意識を向け、相手の存在を認め、相手に対して全神経を集中することである。
② **観察力・感受性**：相手の行動、発言を観察し心の声に耳を傾ける。相手の表情や行為を確認し受け入れ、相手が置かれている状況や抱いている感情を感じて読み込み認知する。存在を認めるにはどのような相手でも受け入れる「受容」の姿勢が必要となる。

③ **想像力**：これらの情報により自分が今すべきことを考え、自分自身の主体性を持ち、相手へ感情移入をし、すべき行動を考え実践する。その結果、相手から「思いやってくれている」と認知されることがポイントとなる。

　そのベースにあるのは、「人間性」であり、人として自分を肯定し相手も肯定する。自分を大切にすることが他の人も大事にしたいという気持ちとエネルギーになる。思いやりは自分を思いやることでもあり、自らの存在を肯定できる安心感と余裕を持つことである。

　すなわち、お互い人として平等であるということを自覚しなければこのプロセスは働かない。

　東日本大震災以降よく使われるようになった「絆」は本来、お互いの平等性から生まれる。「助けてあげる」、「手助けをさせていただく」といった両極端に触れ動く中道な構造ではなく、「人として助ける」という中庸なベースが必要となる。

(2)「おもてなし」の構造

　次に、「おもてなし」とはどういうことかを検証する。

　中世における「もてなし」の意味には「相手を手厚く歓待する」「世話をする」「相手に対する許容」「性格などで醸成された態度」「身のこなし」といったものがある。

　これが転じて「主に酒食を供してもてなす饗応やごちそう」を意味するようになり、飲食・宿泊関係に浸透していったのである。

　近代では「もてなし」は強要され、ますます過剰になったことから賄賂や訴訟に至る事態まで出現している。過度な「もてなし」が贈収賄になり法で裁かれることは事実である。

　「もてなし」の行為関連に関しては、接客業などでは特に問題なく実践展開できる。

　しかし、ホスピタリティの考え方が「おもてなし」であるとすると、他業界にも展開されるという前提に立つと違和感のある箇所がある。

医療機関において「患者様をもてなす」とは使わない。教育の現場で教師が「学生をもてなす」とも言わない。警察でも「警察官が犯人をもてなす」とは使わない。その他、日常において「もてなし」というには違和感のある側面の存在があることが確認される。

ホスピタリティ産業におけるホテルでの接客を参考にし、顧客を「○○様」と呼ぶのを真似（まね）して、数年前に医療機関では患者を「患者様」「○○様」と呼ぶようになった。その結果、患者側がその意味を権威勾配が存在し自分が上位にあると勘違いして受け取り権利を主張し、威嚇の姿勢をとるようになってしまった。また、多くの患者の立場にしてみれば「患者をもてなす」ことより早期に苦痛を和らげてほしいと考えている。そもそも病院にはもてなされるために来院しているのではなく治癒のために来ているのである。現在は、すでに「患者様」と呼ぶ医療機関が減少してきていることも事実である。

教育の場でも学生を「学客」として捉えた結果、教師と学生の距離が遠くなってしまっている。

建設業者がいつもお世話になっているお客様である自治体の役人をもてなした場合は贈収賄に当たり、国家公務員倫理規定に抵触する。

これらのほとんどの問題は「おもてなし」の一部分だけを強調して捉えているところにある。過度のもてなしは法に触れ、意味のないもてなしは苦痛を伴うのである。

しかし、ホスピタリティと「もてなし」は、共有できる意味も含まれていることから、ホスピタリティと「もてなし」の関係を完全に否定するものではないということを理解していただきたい。

では、「おもてなし」の構造はどうなっているのかを確認する。

図表 1-3　**おもてなしの構造**

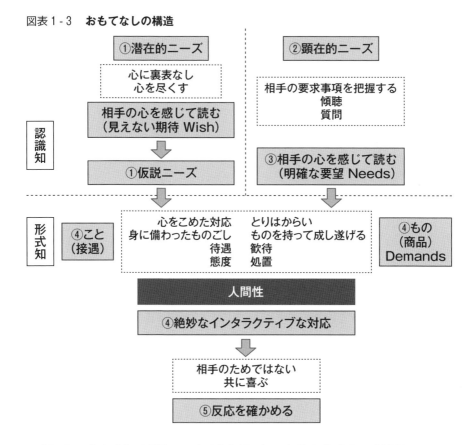

　「おもてなし」とは「思いやり」と同じく、自分を肯定し、対面している相手を肯定し興味を持つ人間性の涵養から始まる。

① 相手のニーズを認識し相手が気付いていない潜在的なニーズ（思い、欲求）を質問や行為などの仮説ニーズを提示することにより立証・修正して顕在化ニーズとして成立させる。
② また、顕在化されているニーズ（欠乏を認識しているもの）は確実に傾聴し把握する。
③ それらのニーズに基づいて、相手が想起していない行為を創造し、そこになかったものを新たに作り上げる。
④ 成すべき「行為」と提供する「物」を絶妙に組み合わせて提示する。
⑤ その反応を確認し修正・立証を加え、発揮する行動の質を向上していく。

図表1-3に見るように、「おもてなし」は潜在化ニーズと顕在化ニーズ、認識知と形式知から成る複雑な構造を持っている。そして、相手のニーズを探究するために必要な人間性そのものが不可欠となる。具体的には信頼関係を構築して出会いである相互容認・相互理解から相互創造・相互発展へとお互いを高めていくこととなる。

　「思いやり」「おもてなし」も、どちらも人間性というマインドがそのベースにある。

　しかし、今まで「思いやりのある、心からのおもてなし」という標語で終わったり、マナーと同一レベルの教育訓練として扱われ、人間性というマインドについては触れられていないのが実態であった。

　これらの問題はホスピタリティの表層面と、たまたま成功した事例の一部を切り取り誇大解釈をしてきただけにすぎないのであり、理論や構造が置き去りにされてきた結果である。ホスピタリティが本質的に定着・実行できないのはこれらに原因があった。

　本書はこれら「思いやり」「おもてなし」だけをホスピタリティのコンセプトとはせず、より広義に捉えた、「本来のホスピタリティとは何か」を提示していく。

◢◤■4 ホスピタリティの本質

　英語を中心にヨーロッパの「hospitality」に関する現代用例を引用すると、もてなし以外の意味を持っていることがわかる。この解釈には歴史的な文化背景を加味した意味合いが「hospitality」という言葉に含まれている。

　ゲルマン民族の大移動は、西洋の言語体系に大きな変化や融合をもたらし、英語にも深い影響を与えた[6]ドイツ語でホスピタリティを示すGastfreundschaft、イタリア語のospitalita、スペイン語のhospitalidad、そしてフランス語のhospitaliteなどを見ると、そこには歴史的な流れを感じる。

　例えばスペイン語のhospitalidadには巡礼者、困窮者、疾病者への情け、慈悲、救済、慈善活動の意味（小学館『西和中辞典』）があるとされ、ホスピタリティの文化的な側面を反映していることがわかる。また、フランス語のhospitaliteは古代ローマでは「個人、家族、都市間の相互歓待の掟^{おきて}」という意味があり、現代では「亡命者などに与えられる避難所」という政治的な意味もある。

　つまり、ホスピタリティは単なる「思いやり」「おもてなし」の意味だけではなく社会性までも含めた広範な要素を持つ語であることが理解できる。人類が生命の尊厳を前提として調和をしながら互いに進化し合うための原理から成る社会倫理であるということも推測できる。

　このようにホスピタリティの言語的用法を考察するとローマ字を使用する言語圏、つまり西洋にホスピタリティが日常的にごく自然な心情として浸透していることが理解でき、ホスピタリティを意味する言葉にはヨーロッパの共通した言語意識が確立していると考えられる。

　日本語における「思いやり」「おもてなし」は、あくまで日本独自の伝統的な慣習であり、近代になってホスピタリティと同化させたものであって出自は異なるものと考えることができる。

2 ホスピタリティにおける人間らしさ

◀▶ **1** ホスピタリティの定義

ホスピタリティが誤認されている背景には、ホスピタリティは実践を通した事例のみが露出され、根底にあるホスピタリティの理論体系は置き去りにされてきた経緯が存在すると考えられる。ホスピタリティの成功事例とされたテーマパークや外資系ホテルなどの物理的世界が先走りをし「この時にこのような行動をした」「あのような場合はこう考えた」という一部の前提となる現象を切り出し、帰納法によってホスピタリティとしての結論を導き出してきた。

しかし、前提となる現象が特定業界に特化され偏ったものであることから、導き出される一般的原理に誤りが存在すると考えられる。

実際にホスピタリティ関連書籍の約8割[7]は上記の手法で執筆された「事例集」であるといえる。各事例は個別なものであり特殊な状況が存在するため、事例の再現性は難しく、このようなホスピタリティ理論は普遍的ではないと考えられる。

先行研究からホスピタリティの定義に関する記述をまとめると、以下のとおりになる。Lovelock, C. & L. Wright の定義は、

> 「顧客をゲストとして扱い、サービス組織とのインタラクションの中、顧客のニーズに対応したきめ細かい行き届いた快適さを提供する[8]。」

として、サービスに価値を付加する補足的サービス要素の一つとみなしている。小沢は次のように述べ、

> 「①客人と主人との間でのもてなし（歓待）のある良い関係。②組織によって金銭と交換で客を楽しませるための宿泊施設にある様々な機能。③従来、宿泊施設に存在した様々な機能が発達し、分割さ

れ独自発展を遂げている機能[9]。」
とし、観光業におけるホスピタリティに特化している。非常にシンプルな
定義としては「物事を心、気持ちで受け止め、心、気持ちから行動するこ
と[10]。」とする力石の定義や、日本ツーリズム学会での「客のもてなしの良
いこと。ホテル用語では『好ましい接遇』として使われることが多い[11]。」
といった定義がある。

　しかし、これらはホスピタリティ産業における顧客とのビジネス上の関
係性を定義したものであり、ホスピタリティの必要十分な定義であるとは言
い難いと考える。興味深いものとしてBrothertonは次のように述べ、

　　　　「同時に起こる人的交流であり、お互いに幸福な状態になり、さ
　　　　らに一層幸福な状態になろうとお互いが自発的に意図し、寝床、食
　　　　事、飲み物のそれぞれ、またはいずれかを提供することである[12]。」
とし、「幸福」というキーワード、そして交流に必要な「要素」(寝床、食
事、飲み物の提供)に関して規定している。Morrison & O'Gorman は、

　　　　「異なる社会背景や文化を持つ客や初対面の人に対して、慈善的
　　　　に、社会思考的に、またはビジネスとして、一時的に食事をしたり
　　　　宿泊したりするための場所を優しさと寛大さをもって提供する、主
　　　　人の心のこもった饗応であり、歓迎であり、歓待である。ホスピタ
　　　　リティの提供が条件つきかそうでないかの度合いは、環境や状況に
　　　　よって異なる[13]。」
とし「慈善的」、「社会思考的」及び「ビジネス」としての行為でもあり、そ
れらは「環境、状況」により変化すると指摘している。古閑は次のように
述べ、

　　　　「異種の要素を内包している人間同士の出会いのなかで起こるふ
　　　　れあい行動であり，発展的人間関係を創造する行為[14]。」
とする定義において、「創造する行為」であるとし「発展的人間関係」の側
面を強調している。服部は2003年の定義において、

　　　　「人類が生命の尊厳を前提とした創造的進化を遂げるための、
　　　　個々の共同体もしくは国家の枠を超えた広い社会における多元的共

創関係を成立させる相互容認、相互理解、相互信頼、相互扶助、相
　　互依存、相互発展の六つの相互性の原理を基盤とした基本的社会倫
　　理[15]。」

としていたが、服部は2009年に定義を分け、広義の定義を

　　「人類が生命の尊厳を前提とした、個々の共同体もしくは国家の
　　枠を超えた広い社会における、相互性の原理と多元的共創の原理か
　　らなる社会倫理[16]。」

とし、狭義の定義を

　　「ホストとゲストが対等となるにふさわしい相関関係を築くため
　　の人倫[17]。」

であるとし、「倫理」であると強調しており、これが日本ホスピタリティ・
マネジメント学会の定義とされている。日本ホスピタリティ推進協会にお
いては、

　　「生あるもの、特に人間の尊厳と社会的公正をもって、互いに存
　　在意義と価値を理解し、認めあい、信頼し，助け合う相互感謝の精
　　神。伝統や習慣の違いをのり超え、時代の科学の進歩とともに新し
　　い生きる喜びの共通意識としての価値を創造するものである[18]。」

としているが、これは前述の服部の定義に近いものであるといえる。吉原
は次のように述べ、

　　「アイデンティティの獲得を目指して自己を鍛え、自己を発信し
　　ながら、他者を受け容れ他者に対して心を用いて働きかけ信頼関係
　　づくりを行って、お互いに補完し合い何かを達成してゆく心と頭脳
　　の働きである[19]。」

とし、信頼関係について言及している。

　さて、様々な定義を並べたが、こうした定義に共通するホスピタリティ
に関連するキーワードとしては，「倫理」「精神」「社会的思考」「幸福」「行
為」「行動」「関係」「機能」といったものが挙げられ、これらは「精神から現
れる行為」とこれらを包含した「異なる社会性・価値観における相互的な
関係」ということがわかる。ホスピタリティとは人間同士の関係性におい

て社会背景や文化などの価値観の相違を超えてより良い関係性を構築する精神であるという方向性が示されている。ここでいずれの定義にも共通するのが、「相互性」や「相互作用」といった要素であり、相互扶助を実現するための社会倫理、人倫が根底に存在すると考えられる。これは日本でいわれる「思いやり」「おもてなし」や茶道の「一期一会」の精神とホスピタリティが同じとは断定できない根拠でもある。

　これらを踏まえホスピタリティを、「人間同士の社会関係性において、相互関係性を築くための精神であり、行為そのものをつかさどる『社会倫理』『人倫である』と定義付け、ホスピタリティ概念を**図表 1 - 4** のようにまとめる。

図表 1 - 4　**ホスピタリティの概念**

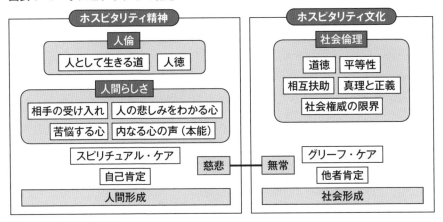

2 人間らしさの発揮

　ホスピタリティは現代の産業界が抱えているコンプライアンス、ハラスメント等の課題や「不機嫌な職場」「ギスギスした職場」[20] などに代表される職場内不協和の解決に寄与するためのマネジメントソリューションの方法論になることを提示していることに斬新性があるといえる。

　前項に述べたホスピタリティの定義の概念は広く、「深いマインド醸成と

人倫を伴っている。組織は人と人との集合体である。組織をよい方向に変え、社会に貢献するためには人そのものをとらえていくことが重要であり、焦点となるのは人が持つべき『人間らしさ』であり、『人倫』である[21]」といえる。ホスピタリティとは、人間そのものを真正面で捉え、「人間らしさ」ということはどういうことなのかを問い、その状況に合わせ独自対応をとることであると考える。「必要となるものは一人ひとりが持つホスピタリティ精神であり、この集合体である組織としてのホスピタリティ文化である。ホスピタリティの精神を持つということは人を快く受け入れる行為を実践すること[22]。」であり、この行為を実践することが人として、ホスピタリティのアイデンティティを持って生き続けるということであると考える。

ホスピタリティ文化のない電力会社は人の目にどう映るか？食品偽装をしている企業、不正を隠蔽する組織はどう印象づけられるのか？国民に対してホスピタリティ精神のない国家は世界からどう見られるか？これらは異端の目で見られることは確実であり、そこに人倫や社会倫理が存在していないことが挙げられると考える。いわゆるホスピタリティ精神が希薄な人の集団といえる。現代の環境では産業界でも国家間でも、お互いの立場の違いを受け入れ、共生する体制作りが求められている。ホスピタリティは社会道徳を構築するための基礎であるともいえる。

倫理とは人間が守るべき「正義」である。倫理には「完全義務」といわれ、厳守しなければならない「法」と「不完全義務」といわれ強制ではないが人として実行しなければならない「親孝行や兄弟仲良く」などがあり、正義は人間らしさから生まれている。

ホスピタリティは人間らしさを追求し、不完全義務の領域から組織のコンプライアンスにまで通じるソリューションとなる。

社員の一人ひとりがホスピタリティ精神を持ち、組織をホスピタリティ文化とすることがコンプライアンスを円滑に進め企業ブランドを高めるためのポイントとなる。

そして、ホスピタリティでいう人間らしさとは、価値観の違いの克服、自分と他者との折り合いをつけながら「悩む心」を持っていることであり、

状況と自分の気持ち・想いとの間で揺れ・悩む存在、不快を受け入れる心、受難を受け入れ、共に生きる本能を成長させることである。

　心理学では、「欠乏動機と成長動機」「共感の理解」「ユーモア」「生きがい」の四つの存在が人間らしさといわれている。そして我々には「人間らしさ」の前提として「生きるための本能」が存在する。

図表 1 - 5

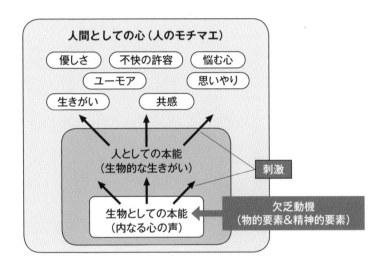

　人間らしさを見いだすためには「内なる心の声（本能）に耳を傾けること」が必要であり、動物は「内なる声」に忠実である。鳥は教育を受けるわけではなく、巣を作る時期、作り方など内なる声にしたがって行動している。いわゆる本能に基づいているといえる。

　人間においても心理学者カール・ビューラーの「機能快」では「赤ん坊が立って歩くのは歩かねばならないという義務感ではなくそれが快感だからである。話すことも、言葉を覚え音が出せる学習のプロセスが快感そのものである。」といわれている。ホスピタリティの要素でもある歓喜・感激がそのゴールにある。

　しかし、成人になると人間の本能は微弱にしか聞き取れなくなる。だから、社会の慣習、職場の掟に簡単に飲み込まれてしまい、弱くてデリケートな「内なる声」は簡単に押さえ込まれてしまう。

図表 1-6　**本能と人間らしさ**

本能（動物らしさ）	人間らしさ
●無意識の情動系 ●生物的な生きがい ●安全欲求 ●死を拒む	●合理的な心 ●思考力 ●心の生きがい ●弱い心 ●不快を受け入れる心

　人間的強さによる「人間の内なる声」（本能・欲望）の支配と弱い心の克服が必要となってくる。「人間の内なる声」を傾聴できないと、合理的な愚か者に、さらには人間性の喪失となり、自分を見失い、心の病が出ることがある。

　人間らしさが欠落すると**図表1-7**のような状況が発生する。

図表1-7　**人間らしさが欠落すると発生するもの**

我欲	自慢する	盗む	怒る	激怒する	傷つける
無明	卑怯	邪推する	侮る	姑息	うぬぼれる
疑い	きれいごとをいう	責任転嫁する	非道	偏執する	耳を貸さない

　ホスピタリティの概念とは正反対の人間らしくない行動が出現するのだ。本来の「人間らしさ」とは心の教育によって確立され、その上で他者との共生（調和）がなされる。

　上記のようにホスピタリティは人の本能までも包括する概念といえる。

　さらに、ホスピタリティの領域は広く、そして意味するところは日常性と非日常性の両面を併せ持っている。

図表1-8　**ホスピタリティの領域**

◀────────── ホスピタリティ領域 ──────────▶				
日常性を回復する			非日常性を提供する	
援助する		傍らに存在する	楽しみを与える	
ホスピス 病院	マッサージ 湯治	レストラン 販売	観光 ホテル・旅館	リゾート
治療	癒やし	もてなし	快適	快楽
人倫・社会倫理				

　ホスピタリティを領域として捉えると、日常性の回復と非日常性の提供
は対極の発想である。日常的な行動が行えない対象に対してそれを援助し
回復させることと、日常的な行動が順調にできている対象に対しそれを阻
害し、あえて不都合な空間に追い込むことは発想を180度転換することを
意味する。

　「発想転換の基軸となるのは人倫と社会倫理であり、人としてその行動
が正しいのか、社会に存在する一員として社会の規範から逸脱した行動に
なっていないかを検証しながら行動することが求められる。[(23)]」

図表 1 - 9

　そして、ホスピタリティは相手を受け入れることが基本となる。受け入
れの姿勢は「平等性」が原則である。ホスピタリティ思想の起点となる考
え方は「ホスピタリティツーリズム」である。観光地は観光客（よそから来
た人＝「よそもの」。ローマ帝国の時代であれば危害を加える可能性のあ
る敵）を受け入れ、観光地が潤い、観光客は旅の思い出を持って帰路につ
くことを意味する。この時、観光客と観光地はWin/Winの関係となると
考えられる。

◤◢**3** ホスピタリティにおける平等性

　「平等性」という考え方は、お互いに優劣・高下のない主客同一関係という相互性の意味を持っている。ここで、主客同一を考える上で、ホスピタリティと混同して使われるサービスを取り上げる。サービスの語源は「サーバント（召使）」であり、主従関係が発生する。ビジネスでパートナー関係とはいっても実際には、発注者が上位であり受注者が下位にあることは確かである。

図表1-10　**ホスピタリティとサービス**

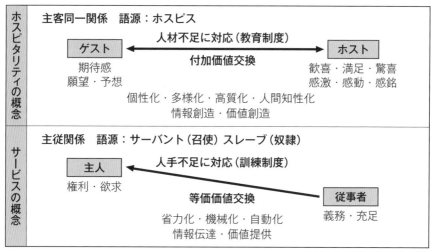

出典：服部勝人『ホスピタリティ学原論』p123

　図表1-10のようにホスピタリティはサービスの上位概念でありサービスを包括していることがわかる。主客同一を考える場合、ホスピタリティは人と人との関係において平等であり人倫が基礎となると考えられる。

　これらホスピタリティの考え方は欧米から発生した考え方であるが、日本でも昔から同様なことがいわれている。古典の『曾我物語』、『葵上』、『世話尽』、『常夏草紙』などに頻繁に出てくる「情けは人のためならず[24]」という言葉は、「いずれは巡って自分に返ってくるのであるから、誰でも快く受け入れる」（日本国語大辞典）というのが原義である。相手に対する

行為すべてが自己の結果となるという認識が含まれている。まさに古典の考え方にもホスピタリティとの共通点を見いだせると考える。さらに弘法大師は『綜芸種智院式并序』において次のように述べている。

　　　　「物の興廃は必ず人に由る、人の昇沈は定んで道に在り(25)」

　物が盛んになるのも廃れるのも、すべて人によるのである。人の向上や堕落は、その人の信ずる道によるのであるという考えは、不祥事が多発している現代の産業界において必要となるホスピタリティ精神と同義の言葉として考えられる。

　利他主義的行動をとることが、道徳的秩序としての人間の倫理を意味し、人として歩み行うべき道と考えられる。

　このようなことが過去からいわれ続けている背景には人間中心という問題が存在する。

　フロイトは「欲望の快楽原則に基づいて人は生きている」とし、「快感原則は実際には、死の欲動に奉仕するものと思われる(26)。」と修正した。アダム・スミスは「利己心と攻撃本能によって人は生きる(27)。」としている。本能は自然本能と認めた上で共生・協創が求められる。主客同一といっても過去の歴史では奴隷が存在した。奴隷解放令が制定されてホスピタリティという社会倫理は成立したが、いまだに人種差別は残っている。真の原因は人間の欲望であるといえるが、これらを否定するのではなく現状があるということを認めた上で、受け入れることも必要であると考える。

　ジャン・ジャック・ルソーは「外側だけの豊かさは欲望を増大させ、自分を失う結果となる(28)。」としている。ホスピタリティは人倫の基本であり、物質的な豊かさだけを求めるのではなく、人としてホスピタリティのアイデンティティを持って生き続けるということが重要な課題となると考えられる。

◀ **4 ホスピタリティにおける道徳と人倫**

　人間の行動が動物の行動と類似しながらも決定的に違うのは「人倫」にある。

人間の行為によって文化として表現されたものはすべて創造されたものであり、そこでの創造の主体は人間である。人倫もその一つであると考える。このことはチンパンジーと幼児を比較することにより判明する。「遊戯中に何かの拍子で机がひっくり返ってしまった場合、チンパンジーはその上に乗り遊びを続けたのに対し、幼児は机を元の姿勢に戻そうと試みたことが記録されている(29)」。幼児はチンパンジーよりも記憶力が高く机の正しい姿勢を記憶している。ここに規範意識が作用して感情に左右される衝動的な行動とは異なる倫理的な行為が生じる。規範意識はさらに精神の作用によって内容的に高まり人間としてあるべき理想を設定し、そのための「道」を創造し、それを実現するために自己を動物と違う「徳」のあるものとし、文化的な世界を創造する行為に向かわせる。こうした特質を持つ人間の行為は「道徳」と呼ばれる。一般的には「道徳」というときは「道」は人間としての倫理を成り立たせている道理であり、「徳」は道理を体得した人が身につけている特性である。「人倫」は人間が人と人の間や集団で責任を持って実践すべき秩序である。人は他者との関係において共同社会を実現していき、成人として社会に出て就職をし、家族を持ち市民社会に加わり、共同体としての存在を実現するように方向付けられている。

　そして、この倫理は哲学ともいえる。歴史に名を残す倫理学者はほぼ哲学者であり、近代では倫理に特化した研究をしている哲学者も多数存在し、倫理学という研究領域が成立している。「倫理」と「道徳」は現代の倫理学研究では通常、区別する事なく用いられており、倫理も道徳も語源を辿れば、「道徳」の語源はラテン語のmores、「倫理」の語源はギリシア語のethosである。ラテン語由来かギリシャ語由来かの違いであり、語源ではどちらの言葉も「慣習、習俗」という語義である。倫理学を意味する欧語（ethics）は、ギリシャ語のethosに由来し、習慣的性状（性格）を意味していた。語源的には「習慣」を意味し、そこから「人間がすべき行為」が導き出された。しかし、この二つの言葉を意識して使い分けていたのがヘーゲルであった。ヘーゲルはカントの立場を「道徳性」とし、自らの立場を「人倫」として区別した。

　カントは一人ひとりが何をすべきかを問うのみでそれはいまだ「個人道徳」にとどまっているとし、人間は社会の中でこそ初めて自己を実現できる存在であるとヘーゲルは断言した[30]。個人がどのような共同体に所属するかによって人の行動が決まるものであり、したがって、求められるのは良い社会のあり方であり、その社会のあり方のベースが「人倫」であるとした。ヘーゲルは道徳と異なり個人の道徳を超えた「社会倫理」として推考した。

　つまり、倫理学では個人がどう生きるかを問うだけではなく、人間にとって良い社会とは何か、個人と社会の両方を考える必要性がある。

　これらからホスピタリティの核となるものは社会倫理、人倫を前提に人としてどのように生きるかを示したものと考えられる。一般的にホスピタリティは「思いやり」「おもてなし」という概念で捉えられてきたが、これらはホスピタリティの表層的な部分を見ているにすぎず、ホスピタリティの核を形成するものではない。あえていえば日本の習慣から派生したものであるといえる。「相互容認」「相互扶助」「相互発展」を遂げるホスピタリティ本来の概念で捉えた場合、ホスピタリティの概念はさらに拡大し、人間そのものを真正面でとらえ、「人間らしさ」ということを問い、その場の状況、相手の感情、その事象に合わせ、独自化対応をとることにあると考えられる。

3 ホスピタリティにおける幸せ

　人間らしさ、人倫が崩壊すると人間は欲望が肥大化し利己的で短絡的となる。多くのものを手に入れれば幸せで失えば不幸だという仕組みがある以上、限りある富を奪い合い相手を傷つけなけなければならなくなる。相手に優しくしたり施しを与えることは自分の損になると考える。そしていつも誰かと争うことにより自分の心が疲弊してしまう。自然に目先の利益や欲求しか見なくなり短絡的な思考しか持たなくなる。また、幸せが外的なもの、物質的なものの刺激であると考えた場合、それ自体が不安定で危険なものであると考えられる。結局、利益や欲望は自分の得にはならず自分を苦しめ悪い結果を生み出すことになる。

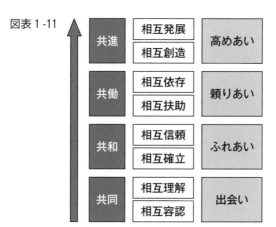

図表 1-11

共進	相互発展 相互創造	高めあい
共働	相互依存 相互扶助	頼りあい
共和	相互信頼 相互確立	ふれあい
共同	相互理解 相互容認	出会い

抜粋：服部勝人『ホスピタリティ・マネジメント学原論』(2006、丸善)

　これらのソリューションとしてホスピタリティにおいて二つの方法論が考えられる。
　まず一つに、ホスピタリティには「相互容認」「相互理解」[31]という概念があり、自分の視点と他者の視点を置き換えることの必要性を強調してい

る。人は自分だけ良ければ良い、自分さえ幸せであれば良いと考えがちであるが、その考えを捨て、相手の視点と入れ替えて見ることが必要である。そうすることにより、他人の目から自分を見ることができ、自分が多数の人と共に生きている存在であり、自分の考えがいかに狭く悲しいものであったかに気付くことができる。

　そしてもう一つ、どのような事象も自分につながっていると考えることも必要である。

　自分の存在も、自分の周囲で起こるすべての出来事も同様である。相手に起こることは自分にも起こることであり、相手の幸せを願うことは自分の幸せを願うことであり、他人を疎かにすることは、自分を疎かにすることである。相手を自分と同じように捉えることができれば、相手を思いやることができ、利己的な感情が消え純粋に相手を想うようになれる。やがては相手の悲しみ、苦しみを理解できる人間らしさが醸成されてくる。さらに、相手への思いやり、共感性を発揮するだけではなく、その人が幸せになれるように自分が行動を起こし、悲しみや苦しみを取り除こうという「相互扶助」「相互依存」の段階となる。

　心を高めていくということは倫理観を育てることでもあるが、現代の教育では実用性の高い教育が主眼となり、他人よりも優れていることを証明する競争に代わっている。人としてどのように生きるか、良い人間になるためにはどうすべきかという「人間性」の教育はなおざりにされ、エゴが増長され自我意識が肥大化してきた。平気でSNSに人を誹謗中傷する言葉を上げ、それに乗った人々がさらに攻撃を加え悲劇が起こるという状況もこの一因であると考えられる。特に産業界においてはマネジメント、マーケティング、戦略など稼ぐことに主眼を置いたスキルにばかり目が向けられ、他者との間に競争優位な立場を築き成功の鍵を勝ち取り、相手に勝つことを推奨することが主流となっている。コーポレートガバナンス、コンプライアンスという概念も積極的に取り組んでいる姿勢を表層的に見せてはいるが、内心は厄介なものだと感じている状況も存在し、根拠として企業不祥事は絶えることはない。『日本で一番大切にしたい会社』(32)に代表

される法人として真の倫理観を持ち経営している企業は非常に数が少ないといえる。

　元来、日本人の精神性は高いものであり、自然を大切にして伝統行事を守り、武士道に代表される「礼儀正しさ」「奥ゆかしさ」「恥を知る」「しつらえ」といった倫理観や高い精神性を持っていたはずである。すなわち現代の日本人は人間性の向上という精神的な発展を遂げていないということがいえる。

　今後は精神を育てることを強調し、心はどのようなものか、どのように働きどうコントロールすればよいのかを認識するために、ホスピタリティ精神の概念は重要な位置を占めるものと考えられる。

　現状のビジネスとホスピタリティを関連付けるときに、従来使われてきた「ホスピタリティ」という言葉の概念に縛られてビジネスに結び付けられない人と、コンセプトを広く柔軟に解釈して、様々な部分に関連付けてビジネスを展開できる人との間で今後、大きな違いが出てくる。組織におけるメンバー間にとって相手の幸福や安寧を願い、相手への救済を真剣に志向することが必要であり、それが「人間らしさ」の根源でもある。おそらく、人を幸せにすることが組織を良くすることであり、社会を住みやすくすることであろう。我々は、マザーテレサやナイチンゲール、ダライラマ、ウォルトディズニーと同じ「いのち」で生きている。それは人を幸せに導くことができる「いのち」である。誰しも幸せを願い、誰しも人を幸せにできる「ちから」を持っている。この「ちから」を活かし相互発展を実現することがホスピタリティであると考える。

第1章 ここまでのまとめ

1. ホスピタリティの考え方は古代ローマ時代の役割を担い、人間活動を支えてきたものである。

2. ホスピタリティの考え方は「思いやり」「おもてなし」といった狭く限られた意味だけを持つのではなく、幅広い領域を包括する概念である。

3. ホスピタリティの考え方は医療・福祉、観光、宿泊などの限定された業界に適用されるのではなく全業界、業種に適応が可能である。

4. ホスピタリティは主客同一関係であり、人として平等であるという概念を持つ。

5. ホスピタリティの核となるものは社会倫理、人倫を前提に人としてどのように生きるかを示したものである。

6. ホスピタリティの概念は人間そのものを真正面から捉え、「人間らしさ」ということを問い、人の本能までも包括する概念といえる

7. ホスピタリティにおいては利他主義的行動をとることが道徳的秩序としての人間の倫理を意味し、人として歩み行うべき道と考えられる

8. ホスピタリティのポイントは「受け入れ」であり、相互容認を初期段階として相互扶助、相互発展と高度な共創的相関関係段階を踏む。

9. 人としてホスピタリティのアイデンティティを持って生き続けることが必要である。

10. 従来使われてきた「ホスピタリティ」という言葉の概念に縛られてビジネスに結び付けられない人と、コンセプトを広く柔軟に解釈して、様々な部分に関連付けてビジネスを展開できる人との間で今後、大きな違いが出てくる。

▶第1章　参考文献

（1）ローマ帝国が伝説のロムルスによって建国されたとする前753年から、西ローマ帝国が滅んだ476年までを指す。

（2）弓削達『ローマはなぜ滅んだか』　講談社、1989年、p.97

（3）澤田典子『古代マケドニア王国の建国神話をめぐって』　古代学協会、2006年、p.231

（4）中根貢『ザ・ホスピタリティ』　産業能率大学出版部、2013年、p.12

（5）オスカー・ワイルドの戯曲。1895年の作品。2000年に刊行された角川文庫の新装版では『理想の結婚』と改題されている。

（6）ドイツ語は、言語学的にいうと、ゲルマン語系に属する言葉であり、他にゲルマン語系に属する言葉としては、英語以外にも、オランダ語・スウェーデン語といった言葉がこのグループに含まれる。

（7）2015年2月時点でのamazonホスピタリティ関連販売書籍52点中47点

（8）Lovelock, C. & L. Wright "Principles of Service Marketing and Management, Prentice Hall" 1999

（9）小沢道紀『立命館経営学第221号（第38巻第3号）』、立命館大学、1999年、p.175

（10）力石寛夫『ホスピタリティサービスの原点』、商業界、1997年、p.51

（11）ツーリズム学会編集委員会、2006年、HPより

（12）Brotherton, B. "Hospitality management research: Towards the future The handbook of contemporary hospitality management research" John Wiley & Sons、1999、p.118

（13）Morrison, A. & O'Gorman, K. "Hospitality studies: Liberating the power of the mind" CAUTHE Melbourne、2006、p.3

（14）古閑博美『ホスピタリティ概論』　学文社、2003年、p.18

（15）服部勝人『ホスピタリティ・マネジメント』　丸善ライブラリー、1996年、p.69

（16）服部勝人『ホスピタリティ学原論』　内外出版、2004年、p.117

（17）服部前掲（16）　p.117

（18）日本ホスピタリティ推進協会2008年、HPより

（19）吉原敬典『ホスピタリティ・リーダーシップ』　白桃書房、2005年、p.93

（20）社員間の協力関係が崩壊している職場が増えている原因を指摘し、それを「不機嫌な職場」「ギスギスした職場」と称した。（河合太介、高橋克徳、永田稔、渡部幹『不機嫌な職場-なぜ社員同士で協力できないのか』講談社現代新書、2008年）

（21）中根貢『ザ・ホスピタリティ』産業能率大学出版部、2013年、p.128

（22）中根前掲（21）、p.11

（23）中根前掲（21）、p.16

（24）『曾我物語』「情けは人の為ならず、無骨の所へ参りたり、又こそ参らめ」、『太平記』「情けは人の為ならずとは斯様の事を申すべき」、『葵上』「思い知らずや世の中の情けは人の為ならず、我人のためつらければ、必ず身にも報うなり」、『世話尽』「情けは人の為ならず身に廻る」、『常夏草紙』「情けは人の為ならず、小半年の房銭を十倍にして取り返す日もありなんとて」

（25）種智院大学『綜芸種智院式并序』「或難曰。然猶。事漏先覺。終未見其美。何者。備僕射之二教。石納言之芸亭。如此等院。竝皆有始無終。人去跡穢。答。物之興癈必由人。人之昇沈定在道。大海資衆流。以致深。蘇迷越衆山以成高。」

（26）Sigmund Freud、竹田青嗣編、中山元訳『自我論集』　ちくま学芸文庫、1996年、p.159

（27）Adam Smith、山岡洋一訳『国富論〜国の豊かさの本質と原因についての研究〜（上）』、日本経済新聞出版社、2007年、p.218

（28）Jean-Jacques Rousseau、今野一雄訳『エミール』　岩波書店、1962年、p.112

（29）ボイデンディク、浜中淑彦訳『人間と動物』　みすず書房、1977年、p.172

（30）ヘーゲルはカントを批判するだけではなく、高く評価している点もある。カントの自由概念は「自由より高次の基礎」Philosophie des Rechts. 106であり、「自分で自分を規定することが自由でありそれが法の根拠ともなる。」Philosophie des Rechts.29カントの問題意識を引き継ぎ、さらに発展させるのがヘーゲルの立場である。

（31）服部勝人『ホスピタリティ学原論』　内外出版、2004年

（32）坂本光司『日本で一番大切にしたい会社1』あさ出版、2008年や『日本で一番大切にしたい会社1 〜 6』が出版されている。

第2章

江戸時代における仏教の
堕落と現代の産業界

　「近世仏教堕落論」において論じられることは江戸時代における
僧侶の堕落であった。仏教が堕落し寺院が世間の反感や憎しみを買
い、危機意識と社会的不安の増大に伴い実利的な立場から仏教への
対策が講じられるとともに、国学者は国粋主義の立場から仏教の外
来性を批判の対象とし、ついに排仏毀釈に至ることになった。

　仏教の堕落は「仏教」自体ではなく「僧侶としてすべきことをして
いなかった維新以前の僧侶」の堕落と考えるならば、現代の産業界
は江戸時代と同様、「組織」というよりも「介在する人によって様々
な問題が引き起こされている」と考えられる。目先の利益追求を優
先する短期志向の経営が企業不祥事につながる。そして、社会から
の批判はコンプライアンスという法令遵守の流れの中で高まり産業
界を健全化する施策が求められている。これらの対策としてホスピ
タリティ精神が有効な手段であり、組織としてホスピタリティ文化
を構築することが強く求められてくると考える。

1 江戸時代における仏教の堕落

⚑ 1「近世仏教堕落論」について

「近世仏教堕落論」とは江戸時代において僧侶が俗人より淫蕩な生活を送っていて、戒律を守らないというものである。それに加えて、仏教制度が江戸幕府との密接な関係があるがゆえに自由を失っていた。つまり、この時代における仏教は他の時代よりも堕落したものであるという論である。このような近世仏教像は国史学者の辻善之助（1877年 – 1955年）が著した『日本仏教史』（1944年 – 1955年）の仏教史研究において近世を「仏教衰退」の時代と捉え、のちに「近世仏教堕落論」として知られるようになった。

しかし、辻自身は「近世仏教堕落論」という言葉は使用していない。圭室が「辻博士の『近世仏教堕落論』[1]」と述べ、大桑は辻が『日本仏教史』において「いわゆる近世仏教堕落論を主張した[2]。」と述べている。澤は「辻氏の研究が発表される以前の仏教史研究においても、近世仏教の堕落は暗黙の了解であったよう[3]。」と述べるが、その辻以前の研究史を扱っていない。つまり、「近世仏教堕落論」という言い方を誰が最初に用いたのかは不明点が多い。「近世仏教堕落論」という表現と同義語で「近世仏教堕落史観」、「近世仏教軽視の史観」、「仏教衰退の史観」なども用いられることがあるが、圭室、大桑に加えて林[4]、高島[5]、引野[6]も「近世仏教堕落論」を用いている。辻の最も新しい日本仏教史概観といえる『日本歴史に於ける仏教』（1902年）において辻は江戸時代の仏教をほとんど扱わないが、そのテクストの最後において、

> 「徳川時代の仏教は、一方に邪蘇教の厳禁あり、仏教は外敵なくして安臥するを得、随て宗学振るわず、修学つまず、また一方には政治上の太平に慣れて、情眠を貪りたるもので、此時代は宗教にとりては、睡眠の時代といふべきである[7]。」

とだけ述べている。

　「近世仏教堕落論」が辻説として記憶されるようになった一つの理由としては、晩年に発行された『日本仏教史』の近世編は１巻の予定だったが４巻になったこと、そこには豊富な史料を用い実証的に「近世仏教の衰退」を語ったことにより「近世仏教堕落論」が「辻説」として記憶されることになった。

図表 2 - 1　**まとめ**

> **「近世仏教堕落論」**
> 江戸時代において僧侶が俗人より淫蕩な生活を送っていて、戒律を守らないというもの

辻善之助が著した『日本仏教史』の仏教史研究において近世を「仏教衰退」の時代と捉え、のちに「近世仏教堕落論」として知られるようになった。

しかし、辻自身は「近世仏教堕落論」という言葉は使用していない。

> 圭室が「辻博士の『近世仏教堕落論』」
> 大桑は辻が「いわゆる近世仏教堕落論を主張した…」
> 澤は「辻氏の研究が発表される以前の仏教史研究においても、近世仏教の堕落は暗黙の了解であったよう…」
> 林、高島、引野も「近世仏教堕落論」という言葉を用いている。

> つまり、「近世仏教堕落論」という言い方を誰が最初に用いたのかは不明点が多い

　辻の仏教史学研究による堕落論は長い間、疑う余地のない定説となってきた。辻以降の研究者の中には堕落論に賛同し、江戸仏教には研究する魅力がないと考える者もいる一方で、近世仏教の研究の意義を再発見するためにあえて堕落論を乗り越えようと試みる学者も生まれた。竹田聴洲（1916年－1980年）は次のように述べている。

　　　「近世の仏教は、幕府の宗教支配のための寺院本末制とキリシタン禁教のための寺請制とによって幕藩権力による完全支配と過保護

を受け、そのためいたずらに案逸・徒食を貪り、虚脱と形骸化のうちに俗化して、古代・中世に見られたような活力と精彩を失い、やがて各方面から相次いで投ぜられた仏教無用論や排仏論二身をさらして大敗と堕落の一途をたどったという歴史像がほぼ通説として定置されている。しかし、近世仏教が幕藩政治体制と癒着して、前記のような体質を持ったことは紛れもなき客観的事実であるが、それは盾の反面であって、他の反面では政治権力の帰省から自由な、民衆の自発的創意と営為に委ねられた分野が広範囲に存在したこともまた事実であって、両々相まって全体としては極めて複雑な姿を呈した[8]。」

とし、「仏教堕落論」を批判的な目で見ようとしているが、その前提には仏教の衰退があるものとした上での論拠となっている。

　大桑斉（1937年）は次のように述べている。

　　「結局、その近世仏教堕落論をどう乗り越えるかという視点がなかなかみつからないわけであります。そこで堕落論に対して堕落してないんだ、生きて動いているんだ、近代仏教は生きた機能を持っているんだということを一生懸命力説しようとしたわけです。そしてつまるところが現生利益ですね。そういうものとして生きてきたというところへ行ってしまう。そういうものであるならば、生きたということは結局、堕落論の裏返しにしかならないわけです[9]。」

　つまり、大桑は仏教堕落論などの要素を否定、あるいは批判しながらも辻の根本的な部分を自らの説に受け入れている様子がうかがわれる。「近世仏教堕落論」を乗り越えることができなかった一つの理由として、「近世仏教堕落論」を辻の「論」として捉えていたのではなく史実として捉えていたからだといえる。

　「近世仏教堕落論」においては、これら様々な論点が存在するが、本稿のねらいは「近世仏教堕落論」を超える論を展開しようとすることではなく、「近世仏教堕落論」においての堕落は「仏教」ではなく「僧侶としてすべきことをしていなかった維新以前の僧侶」であるとする課題を扱う。

図表2-2　まとめ

本稿のねらいは「近世仏教堕落論」を超える論を展開しようとすることではなく、「近世仏教堕落論」においての堕落は「仏教」ではなく

「僧侶としてすべきことをしていなかった維新以前の僧侶」

● 僧侶の浪費振り
● 僧侶の搾取のさま
● 僧侶の女犯
● 檀家制に伴う僧侶の横暴
● 社会秩序の混乱

２ 江戸時代における仏教

　慶長8年（1603年）徳川家康による江戸幕府開創は、政治・経済・社会・思想等の諸方面において大きな変化をもたらした。まず「政治面においては江戸幕府を中心とする幕藩体制が確立するとともに、武断政治から儒学の政治思想による文治政治（徳川綱吉1687年「生類憐れみの令」「服忌令」「捨て子禁止令」）へと政治の形態が移行した[10]。」という時代背景が存在する。

　そして、幕府による仏教政策について見てみると、幕府は政治基盤の安定と確立を図る中で、諸宗・寺院法度（徳川家康1612年「寺院諸法度」）を制定し、仏教界に政治的規制を加えようとした。諸宗・寺院法度は慶長6年（1601年）から元和元年（1615年）までにわたって各宗ごとに出されていたが、寛文5年（1665年）諸宗寺院法度に統合され、その後さらに詳細に規定された。

　その間、「本末制度と寺檀制度も次第に整備されている。本末制度は本寺と末寺の関係を制度的に確定するもので、各宗の寺院は本山－本寺－中本寺－直末寺－孫末寺というように系列化された[11]。」この制度によって、本山は末寺から様々な上納金を徴収するとともに、人事権を持ち強大な権力を持って末寺を支配する体制となった。

　寺檀制度はもともと寺院と檀家との関係を固定化させ、それによってキリシタン禁制を貫徹させようというものであった。しかし、こうした本来の意図は次第に名目的なものとなり、幕府は『宗門檀那請合之掟』を口実

に戸籍を作成し、民衆を支配する手段として活用するようになり、その過程で中世以後広まってきた仏教による葬式・法要が一般化し、制度化[12]され、各寺院はさらに強固な檀家支配をすることになった。

図表2-3

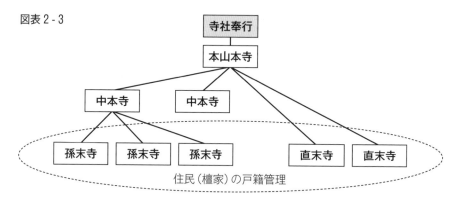

住民（檀家）の戸籍管理

　このように社会全般にわたって新しい動きが進む中で、仏教界はそれまでとは全く異なる状況に直面することとなった。すなわち幕府の仏教統制政策によって、政治的に規制を受けると同時に反世俗的な動きをしていた仏教は、儒学・国学者などから反倫理的なものとして批判され、仏教界は排仏の厳しい批判にさらされることになる。仏教統制政策における檀家制度の弊害に対して、国学者、儒学者、洋学者は排仏論を唱え出し、檀家制度が僧侶を堕落させたことについて熊沢蕃山（1619年－1691年）は次のように述べている。

　　　　「近年吉利支丹わたりしようは、出家の心行ひたすら盗賊に同じ。
　　　おごりすでにきわまり、亡びをまつばかりなり[13]。」
　民衆は僧侶たちの悪行による貪欲さと横暴に耐えざるを得ない状況となりその反発心をあらわにしていることがわかる。
　荻生徂徠（1666年－1728年）も同様に以下のように述べている。
　　　　「今時、諸宗一同、袈裟衣、衣服のおごり甚し。これによりて物
　　　入り多きゆえ、自然と金銀集むること巧みにして非法甚し。戒名の
　　　つけよう殊にみだりにて、上下の階級出来し、世間の費え多し。そ
　　　の他諸宗の規則も今は乱れ、多くは我が宗になき他宗のことをな

し、銭取りのため執行ふたたび多し⁽¹⁴⁾。」

　本山への上納金、華美な衣を身にまとうことにより各寺院は金銭が必要
となっている。そのため、富くじやおみくじ、御守札等を作り収益を上げ
るための方策に翻弄_{ほんろう}されている。さらに、寺請制度によって葬式・法要が
一般化し、30年間定期的に収入構造が望まれる三十三回忌法要という制度
を作り出し、金銭目的で戒名に院号、居士号を作り乱発し、僧侶が希望す
るだけ金銭を出さなければ葬式もせず放置され、やむなく寺院から借金を
することを強要された。自分の宗派にはない儀式（護摩焚供養等_{ごまだき}）であっ
ても他宗が行い収入が上がっていればそれを取り入れ、金のためなら宗旨
の規律さえも守らない状態に民衆の怒りは最高点に達していた。世間では
「坊主丸儲_{もう}け」という俗諺_{ぞくげん}までささやかれ檀家制度を悪用した僧侶の強制
的な行為に反発を高めていた。このように、両者は僧侶の浪費振りと搾取
のさまを指弾している。さらに井上円了（1858年－1919年）は次のように
述べている。

　　　「徳川氏の政権を掌握せし間は、仏教大いに繁栄の状を呈せりと
　　　いえども、その内部腐敗をきたして全身まさに朽ちんとするの情あ
　　　り。これ他なし、僧侶は社会に対して見るべき実効なくして思わざ
　　　る特典をこうむり、およそ三百年間はその特典に案じて放恣侠楽、
　　　実学を修めず、実業を務めず、社会開進上寸分の功労なきをもって
　　　今日のごとき仏教の衰頽をきたすに至るなり⁽¹⁵⁾。」

中井竹山（1730年－1804年）は、

　　　「今の寺請はなんの用にもたたず、ことのほかなる国国のついえ
　　　なり⁽¹⁶⁾。」

荻生徂徠（1666年－1728年）も、次のように述べている。

　　　「堂宇の多さと、出家の多きを見れば、仏法できてより以来、今
　　　の此方のようなるはなし。仏法を以て見れば、破滅の時は来たれ
　　　り。出家も少し心あるものは、今の僧は盗賊なりと言えり⁽¹⁷⁾。」

といい、熊沢蕃山らと同じく僧侶が僧侶として本来すべきことを行ってい
ない実態を指摘し、その上で寺院の整理を主張し、檀家制に伴う僧侶の横

暴や社会秩序の混乱などを取り上げて徹底的な排仏を唱えている。

　このように民衆の犠牲の上に本堂、伽藍（がらん）、大塔など大規模な施設を構え、尊大な態度を示した僧侶寺院の存在は財政的な窮乏に悩む幕府や民衆にとっても経済的行き詰まりの原因と見られるようになった。

　『天明録』においては、次のように指摘されている。

　　　「今天下ノ僧徒、持戒ノ者曾テ無ク、數百年ノ習弊、縱一道二道
　　　ニ明君出テ、日ニ鞭韃ヲ用ヒ給フトモ中々以テ成就シ難シ、（中略）
　　　然ドモ今世間ヲ見ラレヨ、持戒ノ僧之在ルヤ、門徒ノ僧ハ女肉共ニ
　　　官免アリ、然ラバ左迄忌ムベキ酷悪ニモアラズ、他ノ僧ハ夫アル妻
　　　婦ニ姦通シ、或ハ未嫁ノ少女ニ通ジテ、堕落シ、或ハ大酒博奕、娼
　　　女ニ溺レテ、什物迄却シ、驟奉加勸化ヲ以テ庶人ヲ娤虐スルハ、今
　　　親耳聞スル所ナリ[18]」

　僧侶が僧侶としての行いを全うせず、女犯、不倫を犯し、獣肉を食し酒に溺れ、庶民を虐（いじ）める。これは周知の事実であり全くもって困窮の問題であるとしている。

　これらのような実態は寺院内の淫祠（いんし）邪教とされ、葬式による収入も増え、民衆を脅かし搾取することによって寺院の経済的な地位は急に高まり、さらに僧侶は幕府から優遇され社会的地位からいっても収入の上からいっても、ますます庶民の上に立つことになった。

　『葉隠聞書』において山本は次のように述べている。

　　　「また無常の世の中、今の事も知れず、人に悪しく思はれて果す
　　　は、詮なき事なり。但し、賣僧、輕薄は、見苦しきなり。これは我
　　　が爲にする故なり。また人を先に立て、爭ふ心なく、禮儀を亂さ
　　　ず、へり下りて、我が爲には悪しくとも、人の爲によき様にすれ
　　　ば、いつも初會の様にて、仲悪しくなることなし。婚禮の作法も、
　　　別の道なり。終を愼む事始の如くならば、不和の儀あるべからざる
　　　なり[19]。」

とし、「賣僧[20]」という堕落した僧侶をののしる言葉を使い彼らの行動は見苦しい限りであるとしている。

　武陽陰士は『世事見聞録』「寺社人の事」の項において、次のように述べている。

　　「殊に村村は年々宗門改めの節、証判をなす事ゆえ、寺僧ならでは公儀か済まぬ事に極り居て、首姓どもは恐れ敬怖に依って、それにつけ上り、或は公事訴訟、喧嘩口論の事までも拘り合い、右等の和熟を整えんとて取扱いに立ち入り、欲情に拘り、偏りたる贔屓いたし、また腰押し、荷担などして聊かの事も大事なる騒動に及ばせ、その間に威勢を取り、女犯そのほか法外至極を働くなり⁽²¹⁾。」

とし、檀家制度の毎年の更新において寺院が認めの判を押すことを拒んだり、民衆の訴訟、喧嘩_{けんか}などの仲裁にも乗り出し、さらに一部の人間に加担し騒動を大きくしその仲裁をすることによって金銭を得たり、金が払えない場合はその家の娘を差し出させるなどの違法な行為を繰り返している。

　　「若し寺僧の存念にそむき、意に反した行状をとれば、万事に遺恨を残さるるばかりでなく、宗門改の節、証印を拒まれたり、縁組に当りて送り状の作成を、また、不幸ありたる時葬送を手間取らせたり恥辱されたりして、万事につけて苦患のたねになるという⁽²²⁾。」

　僧侶の気に背いた場合は檀家から外され、婚姻届の作成を拒否され、葬儀において屈辱的な行為をされすべてにおいて問題行為を引き起こしている。

　徳川家康を作成者とし、公布年代を徳川政権の初めとし、正当性に遡及性をもたらすといえる『宗門寺檀那請合之掟』に至っては次のように記載されている。

　　「頭檀邪たりともその宗門の祖師忌日、仏忌、年頭、歳暮、盆、彼岸、先祖の命日等に、たえて参詣せずすば、判形をひき宗旨を役所へことわり、きっと吟味をとくべきこと」「かねて仏法をすすめ、談義・講釈・説法をなして参詣いたさせ、檀那役をもって、それぞれの寺の仏事、修理、建立をつとむべし。邪宗は宗門寺のまじわり一通りにして、内心をもちいず、僧のすすめをもちいず、よって吟味をとぐべきこと⁽²³⁾。」

とあり、寺院は一方的に檀徒に寺院の行事への強制参加、寺の修復、建設に携わらせその義務を強要した。このような行状が積り重なり寺院が世間の反感や憎しみを買い排仏の芽生えとなったと考える。そして、このことが同時に、江戸時代における僧侶の堕落をもたらしたといえる。幕末になると、危機意識と社会的不安の増大に伴い、実利的な立場から仏教への対策が講じられるとともに、国学者は国粋主義の立場から仏教の外来性を批判の対象とし、ついに廃仏毀釈に至ることとなった。

図表2-4　まとめ

僧侶の行為		
資金が必要	⇒	本山への上納金 華美な法衣 本堂、伽藍、大塔建設
収入源	⇒	富くじ　おみくじ、御守札　葬式・法要　戒名制度　金貸し 収入のための他宗の儀式をまねる　訴訟・喧嘩などの仲裁
戒に反する行為	⇒	女犯　不倫　獣肉食　酒
民衆への脅かし	⇒	婚姻届の作成拒否　檀家制度の更新拒否　娘を差し出させる 葬儀における屈辱的な行為 寺院の行事への強制参加　寺の修復・建設に駆り出す
⇩		
廃仏毀釈へ		

　こうした多面的な排仏論に対して、仏教側も様々な方向から護法論を展開し対応した。

　護法論として、排仏論に対して積極的に反駁を加えるもの、仏教と儒教・神道などとの調和を説き、あるいは広く世俗倫理を吸収して、排仏論との思想的対立を緩和しようとするもの、また批判を受容して綱紀粛正をすすめ、あるいは戒律復興を説いて僧風の匡正をもって答えようとするもの等、多様な護法論が提示されたが、すべてが非力なものであった。

　このように、近世の仏教界は政治的規制と他思想からの批判を浴びながら、新しい仏教のあり方を模索せざるを得なかったといえる。

2 現代の産業界の現状

◤■1企業不祥事の特徴

　経済・市場・経営のグローバル化が進展した中で、企業は誠実に社会に対しその役割、使命、責任を果たしていく必要がある。だが、近年、悪質な企業不祥事が頻発し、社会からの信頼を失い、破綻に追い込まれる企業が跡を絶たないでいる。不祥事の原因には経営者の倫理観の欠如、従業員の不正などが見られるが、不祥事そのものは多種多様である。近年のコーポレート・ガバナンスや企業の社会的責任に関する議論は経営者の倫理観、人間性に起因した不祥事と無関係ではない。2000年代の日本企業の不祥事は横領、金品受領、粉飾、詐称、隠蔽、データ改ざん、不適切会計などが発生している。これら不祥事の共通点としては、自社だけは大丈夫とたかをくくって自己の経営を省みないこと、不祥事を未然に防ぐ必要性は感じつつも実行に移さないという経営者の実態が推察できる。一方、企業不祥事の防止策としては「経営者の真摯な姿勢とよりよい企業風土が不祥事に有効な防止策である[24]。」と指摘されている。

　このことは経営者の不祥事に対する問題意識を企業全体に浸透させ、常に緊張感と危機感とを維持していくことの重要性を示唆している。制度的なコーポレート・ガバナンスを講じても企業、組織、人間に倫理観がなければ絵に描いた餅である。何よりも経営者が先頭に立って、経営のプロフェッショナルとしての確固たる経営理念と経営倫理に基づいた倫理的価値判断を発揮していくべきであろう。

　企業不祥事は、企業が慣行や情に基づいて行動してきたことから起こったと見られている。経済、環境、社会が変われば、ステイクホルダーからの企業に対する認識、期待、要請も変化する。企業の常識が必ずしも社会の常識と一致しているわけではない。

そのため、近年では経営者に対し危機管理能力や問題処理能力といった要素も含めて経営者が先頭に立って舵取りを行うことが求められている。ここで1960年代後半以降の不祥事を見ていく。するとつぎのような特徴が見られる。1960年代後半以降の日本企業の不祥事について、平田は[25]四つの年代に分類している。1960年代後半から第1次石油危機にかけての企業不祥事、1973年の第2次石油危機後の企業不祥事、1990年代の企業不祥事、2000年代初頭の企業不祥事の主な内容から原因と結果について考察している。

図表2-5　　1960年代後半以降の日本企業の不祥事

年代	主な内容	原因と結果
1960年代後半の企業不祥事	産業公害、環境破壊、欠陥・有害商品、誇大広告、不当表示などの企業不祥事（第1次石油危機）	企業活動の過程で事後的に発生し、結果的に反社会的行為になったものが多かった
1970年代の企業不祥事	投機、買占め、売り惜しみ、便乗値上げ、株価操作、脱税、背任、贈収賄などの企業不祥事（第2次石油危機後）	最初から反社会的行為であることを知りながら、意図的に引き起こされたものが多かった
1990年代の企業不祥事	価格カルテル、入札談合、贈収賄、企業上過失致死、私文書偽造・公使、不正融資、内部者取引、利益供与、損失補填、粉飾決算などの企業不祥事	最初から反社会的行為であることを知りながら、意図的に引き起こされたものがほとんどだった
2000年代初頭の企業不祥事	集団食中毒、食肉偽造、自動車のリコール隠し、原子炉の損傷隠し、企業の水増し請求、有価証券報告書虚偽記載、粉飾決算、消費期限切れ原料使用、点検記録の改竄の企業不祥事	最初から反社会的行為であることを知りながら、意図的に引き起こされたものがすべてであった

出典：平田光弘『経営者自己統治論―社会に信頼される企業の形成―』中央経済社、2008年

平田は不祥事をなくすことが極めて難しい決定的な理由として、「組織体の構成員に危機意識がないこと、あるいは極めて薄いことにある[26]。」と見ている。

そのため、

　　　「経営者をはじめとする構成員に危機意識がなかったら不祥事は必ず起きるであろう。企業不祥事を抑止・防止するには構成員に危機意識を植え付けるような教育を施し、危機管理を徹底させる以外に手立てはない[27]。」

と指摘する。

　飫冨は「不祥事を起こしている企業には「おごり」や「手抜き」など社会常識では想定できない考え方が根底にある[28]。」としている。そのため、経営者・管理者・従業員の意識改革が必要であると指摘する。飫冨は2000年代初頭の不祥事について、

　　　　「①内部告発によりはじめて隠蔽工作が発覚して問題になったこと、②その後の対応が不適切でさらなる被害拡大を及ぼしたこと、③企業は違法行為と知りつつも経営活動を行っていたこと[29]。」

を挙げている。

　このように近年の企業不祥事は1960年代の不祥事と比べはるかに内容が悪質になっている。不祥事への対処としてはコンプライアンス体制の強化をはじめ、企業倫理委員会等の関係部署を設置することが多い。だが、それらがいつの間にか風化し、再び不祥事を引き起こした企業も存在する。このことは自社あるいは他社の不祥事を教訓として活かせず、風化した企業体質の中で行きすぎた利益第一主義を優先したことに問題があると考えられる。日本企業の不祥事は年代によって不祥事の内容が異なるが、一向に消滅する気配がない。そのため、企業は不祥事への対処として法令遵守を基盤とする経営活動に特化してきたが、後述するようにコンプライアンスを守ることが企業倫理を保証するわけではないと考える。企業倫理はすべての経営活動の根底になる考え方である。

　倫理観なき経営者、従業員は組織全体も倫理観なき風土が形成されると考えられる。そのような組織風土では社会の声が届かない閉鎖的な企業体質となり、経営理念や経営ビジョンをも放棄した企業になるであろう。

◆ ② 企業不祥事における倫理観

　企業不祥事は営利組織体だけの問題ではない。社会保険庁による「国民年金不正免除問題[30]」「年金記録改ざん問題[31]」などが相次いで発覚し一連の改革によって社会保険庁は2009年に廃止された。そして、前東京都知事における「政治資金流用疑惑[32]」などをめぐる一連の問題が明らかに

なった。財務省においては公文書改ざん、事務次官のセクハラなどの不祥事が相次いで発生した。このように非営利組織体においても、国や地方自治体の官製談合などの不祥事が発生している。このことはすべての組織体に不祥事は潜在的に起こり得ることを意味していると考えられる。

　不祥事発覚の記者会見は不祥事後の対応として社長や副社長や専務が謝罪会見を行うことが多い。会見では事件の経緯などを説明し、対策としてコンプライアンス委員会や企業倫理室、CSR（企業の社会的責任）部といった組織体制を設置・強化し、その場しのぎで組織体制を整備することが多い。問題の原因を焦点化せず、経営者と従業員の倫理観には触れず、これらの浸透、定着に関しては対策を講じないという状態にある。

　隠蔽に関しては会社ぐるみの犯罪や事実を知りながらの隠蔽工作は小事が大事となり、不祥事の早期解決を引き延ばすばかりか、社会からの信頼を一瞬にして失ってしまう行為である。このことは不祥事が発生してから企業が再生するまでには長期の時間とコストがかかり、かつての雪印食品が「牛肉偽装⁽³³⁾」により2005年に清算され、法人が完全に消滅してしまう事態にもなり得ることをも意味している。

　企業人のパフォーマンスにはその人の持つスキルや知性のほかに、「人間性や資質が深く関係している。だが、経営者、管理者、従業員が倫理観や道徳観を知識や理屈で知っていても習い性となって自身の人間性にまで浸透しなければ意味がない⁽³⁴⁾。」そのことを自責として認識し、社会倫理と人倫を踏まえて経営のプロフェッショナルとして経営活動を展開していく必要があると考える。

◀■3 コンプライアンスと企業倫理

　コンプライアンスは一般に法令遵守と訳されている。「コンプライアンスは文字通り法令のみを遵守する狭義のリーガル・コンプライアンスと、法令だけでなく社会良識、社会ルール、社内の規則・規程なども遵守する広義のコンプライアンスがある。コンプライアンスはもはや法律論だけで

はなく、企業論・経営論として広義の意味合いで遵守していくことが求められている⁽³⁵⁾。」しかし、法の抜け道や悪しき信念が存在し、リーガル・コンプライアンスだけを基準として考えることは不祥事の原因となる要素の確率が高くなる。

　だからこそ、コンプライアンスの根底となる社会倫理、人倫の確立が必要であると考える。企業の倫理に関する定義には様々な考え方がある。まず、水谷は次のように述べている。

　　　「ビジネス（経営）そのもの　エシックス（倫理）であって、企業
　　　に限らず、広義のビジネス関連の組織体の経営のあらゆる場面での
　　　倫理問題を包含する⁽³⁶⁾。」

として、business ethicsを経営倫理としている。一方、中村は次のように述べている。

　　　「企業内における人間行動ならびに社会における企業行動に関し、
　　　厳格な倫理基準に基づく条件の充足を求め、その達成にとって有効
　　　なあらゆる具体的措置を積極的に推進しようとする社会的動向⁽³⁷⁾。」

として、厳格な倫理基準に基づく社会的動向を企業倫理として用いている。

3 産業界と江戸時代の仏教における類似性

　社会的ミッションを起点とするCSR（企業の社会的責任）経営では、企業が社会的価値の創出と引き換えに経済的リターンを受け取るというのがあるべき姿であり、社会的価値の創出が経済的リターンに対する「上位概念」であると考えているが、相次いだ企業不祥事では、その関係が逆転し、経済的リターンの追求が上位概念に位置付けられてしまったと考えられる。

　目先の利益追求を優先する短期志向の経営が企業不祥事にまでつながってしまうと、企業価値の大きな毀損を招くことは明らかだが、企業不祥事に至らなくとも、経済的リターンの継続的な創出にはつながらないと考える。その原因として、「我が国の大企業の多くは、外国人投資家の台頭や四半期業績の開示義務付けなど、資本市場における急激なグローバル化の波に翻弄され、株主利益の最大化が最も重要であるとする『株主至上主義』へ拙速に傾いた[38]。」ことにあり、多くの大企業は、短期志向の株主至上主義の下で、労働や設備への分配を削減して将来成長を犠牲にする代わりに短期収益を上げ株主配当の資金を捻出するというバランスを欠いた付加価値分配に舵を切り、リーマン・ショック後には大手メーカーが派遣労働者の大量解雇に走ったと考えられる。このことは多様なステークホルダーからの共感が得られる「誠実な経営」には程遠く、社会貢献というフィランソロフィーが軽視され、社会との信頼関係構築を促すための思考が沈滞したものと考えられる。

　江戸時代、寺院が世間の反感や憎しみを買い排仏の芽生えとなり、そして、このことが同時に、江戸時代における僧侶の堕落をもたらした。幕末になると、危機意識と社会的不安の増大に伴い、実利的な立場から仏教への対策が講じられるとともに、国学者は国粋主義の立場から仏教の外来性を批判の対象とし、ついに廃仏毀釈にいたることとなった。

　「近世仏教堕落論」においての堕落は「仏教」ではなく「僧侶としてすべきことをしていなかった維新以前の僧侶」とした場合、現代の産業界は江戸時代と同様、「組織」というよりも「介在する人によって様々な問題が引き起こされている」と考えられる。そして、社会からの批判はコンプライアンスという法令遵守の流れの中で高まり産業界を健全化する施策が求められている。これらの対策としてホスピタリティ精神が有効な手段であり、組織としてホスピタリティ文化を構築することが強く求められてくると考える。

図表 2 - 6　**まとめ**

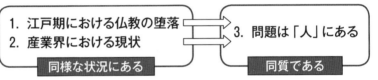

人のパフォーマンスにはその人の持つスキルや知性のほかに、人間性や資質に深く関係している。倫理観や道徳観を知識や理屈で知っていても習い性となって自身の人間性にまで浸透しなければ意味がない。

1. 仏教史研究において江戸時代を「仏教衰退」の時代と捉え、のちに「近世仏教堕落論」として知られるようになった。

2. 堕落は「仏教」ではなく「僧侶としてすべきことをしていなかった維新以前の僧侶」である。

3. 国学者は国粋主義の立場から仏教の外来性を批判の対象とし、ついに廃仏毀釈に至ることとなった。

4. 近年、悪質な企業不祥事が頻発し、社会からの信頼を失い、破綻に追い込まれる企業が跡を絶たないでいる。

5. コンプライアンスはもはや法律論だけではなく、企業論・経営論として広義の意味合いで遵守していくことが求められている。

6. 不祥事を起こしている企業には「おごり」や「手抜き」など社会常識では想定できない考え方が根底にある。

7. 経営者が先頭に立って、経営のプロフェッショナルとしての確固たる経営理念と経営倫理に基づいた倫理的価値判断を発揮していくべきである。

8. 産業界を健全化する施策が求められている。これらの対策としてホスピタリティ精神が有効な手段であり、組織としてホスピタリティ文化を構築することが強く求められてくると考える。

9. 目先の利益追求を優先する短期志向の経営が企業不祥事にまでつながってしまう。

10. 現代の産業界は江戸時代と同様、「組織」というよりも「介在する人によって様々な問題が引き起こされている」と考えられる。

▶第2章　参考文献

（1）　圭室文雄『江戸幕府の宗教統制』　評論社、1971年、p.1

（2）　大桑斉『寺檀の思想』　教育社、1979年、p.224

（3）　澤博勝『近世の宗教組織と地域社会』　吉川弘文館、1999年、p.5

（4）　林淳『辻仏教史学の継承と批判』　東京大学宗教学研究室、1982年、p.60

（5）　高島元洋『日本の仏教 四 近世・近代と仏教』　法蔵館、1995年、p.151

（6）　引野亨輔『地方史研究第291号　近世真宗における神祇不拝の実態』　地方史研究協議会、2001年、p.2

（7）　辻善之助『日本仏教史第六巻「日本歴史に於ける仏教」』　岩波書店、1984年、p.33

（8）　竹田聴洲『近世仏教・史科と研究』　近世仏教研究会、1960年、p.47

（9）　大桑斉『寺檀の思想』　ニュートンプレス、1979年、p.7-8

（10）　「武家諸法度」1615年、徳川家康が金地院崇伝に作成させ徳川秀忠によって発せられた。

（11）　小野泰博『日本宗教辞典』　弘文社、1985年、p.438

（12）　『宗門檀那請合之掟』　1735年

　　　一、檀家総代のような者でも、宗祖忌、仏忌（2月15日）、盆（盂蘭盆会＝7月13日より3日間）、彼岸（春分と秋分の前後7日間）先祖命日に参拝しない者は厳重に吟味する。

　　　一、先祖の年忌をせず、檀那寺の僧侶の読経を必要とせず、秘密のうちに寄り合って葬儀を出すようなキリシタン、不受不施を禁止し違反する者は吟味する。

　　　一、檀那寺に赴き歓談・読経し、檀那役を務め、寺仏の修理建立をすること。役にも就かず、法事もしない者は吟味する。

　　　一、檀那寺の僧侶は、死者の死相を見届けて邪宗でないことを請合って後に戒名を与え引導を渡すこと。

　　　一、先祖の法事などを他の寺で執り行うことは禁止する。しかし他国で死亡した時は格別のことなので吟味する。

　　　一、歩くことの出来る健康者にも関わらず、寺に参拝しないものは厳重に吟味する。

　　　一、葬儀は檀那寺にて執り行い、邪宗門は宗門改め役へ報告した後に葬ること。

（13）　熊沢蕃山『集義外書』　中村直道（写）、1825年、p.242

（14）　荻生徂徠『政談』　経済雑誌社、1894年、p.307

（15）　井上円了『真理金針』　法蔵館、1887年、p.197

（16）　中井竹山『草茅危言』　懐徳堂記念館、1942年、p.39

（17）　熊沢蕃山『大学或問』　1894年、経済雑誌社、p.62

（18）　正司考祺『天明録』　1856年

（19）　山本常朝『葉隠』　人物往来社、1968年、葉隠聞書第一、p.164

（20）　僧でありながら物品の販売などをする堕落僧

（21）　武陽陰士『世事見聞録』　青蛙房、1966年、p.140

（22）　武陽前掲（21）、p.148

（23）　『御篠目宗門寺檀那請合』　龍谷大学、1812年（写）

（24）　青木崇『日本企業の不祥事と企業の社会的責任』　日本経営倫理学会、2009年、pp.43-52

（25）　平田光弘『経営者自己統治論—社会に信頼される企業の形成—』中央経済社、2008年

（26）　平田前掲（25）、p.77

（27）　平田前掲（25）、p.76

(28) 飫冨順久『経営者の倫理と経営教育』Vol.10、学文社、2007年、p.13

(29) 飫冨順久『経営教育研究』 日本経営教育学会編、2007年、p.18

(30) 『社会保険庁川崎大臣会見概要』 厚生労働省広報室、2006年

(31) 『国民年金・厚生年金の納付した保険料の記録が消滅する事案等に関する予備的調査についての報告書』 衆議院調査局、2006年

(32) 『日本経済新聞』 日本経済新聞社、2016年6月20日

(33) 『牛肉在庫保管・処分事業にかかる偽装事件の概要』 農林水産省生産局畜産部、2010年

(34) 小椋康宏『マネジメント・プロフェッショナルの理念と育成』 学文社、2008年、p.12

(35) 『企業における独占禁止法コンプライアンスに関する取組状況について』 公正取引委員会事務総局経済取引局総務課、2012年

(36) 水谷雅一『経営倫理学の必要性と基本課題』 日本経営倫理学会、1994年、pp.1-16

(37) 中村瑞穂 『企業倫理と企業統治—国際比較—』 文眞堂、2003年、p.8

(38) 百嶋徹『CSR（企業の社会的責任）再考』 ニッセイ基礎研REPORT、2009年、p.21

第**3**章

ホスピタリティにおける
慈雲尊者の思想の意義

　慈雲尊者は江戸時代中期に関西を中心に活躍した僧侶である。人の生きる道をわかりやすく説き、人として生きる基本となる生活態度について示し、人として本来必要となる戒めをまとめそれをわかりやすくはっきりと打ち出した。江戸期における僧侶の堕落に対して警鐘を鳴らし、宗派の違いを超えて本来の僧侶や寺院のあり方を取り戻そうと戒律復興運動にも尽力した。人として生きるということは何か、何に従って生きればよいかを明確に表し、宗教を超えて人となる道を心にある「まこと」とした。それは、人が人でありたいと心の奥底で願うものであり、その願いは、自分自身のあるべき姿であり理想でもあると定義した。

1 慈雲尊者の生涯

　現代の産業界と江戸時代における仏教の<u>堕落</u>を考えたときに、まず、堕落した仏教をソリューションした慈雲尊者の功績が挙げられる。このソリューション手法を現代の産業界のソリューションに照らし合わせるとホスピタリティ精神という共通項を抽出することができる。まず、慈雲尊者の生涯から読み解いていく。

　享保3年（1718年）7月、慈雲尊者は大阪中之島の高松藩の蔵屋敷に七男一女の七男として生まれた。「父は上月安範（1665年－1730年）で赤松氏の一族であったが浪人として一生を送った。母は桑原氏、お幸（のちのお清）（1683年－1755年）といい川北又助の養女であった[(1)]。」幼名は滿次郎でのちに平治郎と改める。13歳の時に出家し忍瑞（にんずい）とし、22歳から飲光（おんこう）と改め以来この名を使った。飲光という名の由来については次のような文献が参考となる。

> 「大迦葉、七葉巌に結果す。大迦葉とは具さには迦攝波と云ふ。此には飲光といふ。又は大龜氏と云ふ。上古、仙には神龜應ずるの徴あり、後世仍つて之を姓とす[(2)]。」

　釈尊（一般的にいわれている釈迦）が入滅されておよそ3カ月後、摩訶（まか）迦葉尊者（かしょうそんじゃ）（大迦葉（だいかよう））は第1回目の「結集（けつじゅう）」を開き、王舎城郊外の石窟、七葉窟に集まった。摩訶迦葉尊者のことを迦攝波といい「迦葉（かしょう）」「迦摂波（かしょう）」と音写され、「亀氏」「飲光」と意訳される 。

　慈雲尊者には「七葉」の号がある。号とは、かつては文士が書画を創作発表する際に使用した本名とは別の称号のことであり、文書の内容を認める意思表示として当事者が押す判を総称し「印」といわれる。その印には「大龜氏」があるのも上記の文において理解できる。そして、釈尊の十大弟子である大迦葉尊者と同様であると自任するところがあったのである。いわゆる、「飲光」という名前は釈尊に帰依し、位が高い弟子となったこ

とを意味している。

　しかし、慈雲尊者は幼少期に儒教の影響を受け、仏教に批判的な意見を持っていたことを後に、「沙門及ビ仏法ヲ悪ミ、自ラ謂ク、釈迦ハ是レ虚証ノ首領ナリト」と『十善法話』において述懐している。いわゆる、釈尊は虚偽の言葉を発信し衆生の心を欺く首領であり、出家に関しては家族、友人、財産を捨て仏の道に入ることが人として真の行為なのか。仏道よりも人として守るべきこと、重要なことが世間には存在するはずであるとし、慈雲尊者が12歳の時、「盤水月影 (3)」の喩えや「地獄無用説」を聞いては深く納得して、釈尊を虚偽の説をとく首領であるとし僧侶や仏教を嫌っていたのである。具体的には、儒教は個人が自らを磨くことによって完成することを目指すものであり、他力本願である大乗の仏教を軽蔑し、仏教の輪廻（ね）の教えは根拠がなく、天国や地獄は人々の利己心や恐怖心から生まれた空想の産物であり人の心を惑わし、人の円滑な生活を脅かす悪想の根源とみなしていた。

　後に出家した慈雲尊者は『十善法語』の中で、世の中のことを詳しく知りすぎるために、先入観などから仏法のありのままを受け入れることができないという仏教への偏見を「世智弁聡（せちべんそう）」と呼び仏道修行の障害となる八難処（はちなんどころ）の筆頭に挙げている。

　このような仏教に対する思いとは裏腹に慈雲尊者は「十三歳の年に父を喪い、その遺命によって父母共に深くその徳望に服していた貞紀和上に就いた (4)。」密寺法楽寺の師僧は忍網貞紀和上（にんこうていきわじょう）であり、「この和上は後の慈雲尊者の業績に多大な影響を与え、持律堅固、学問を重んじ梵学に通じ、神道にも精通していたといわれる (5)。」慈雲は14歳にして既にこの師僧より梵学（サンスクリット語）の手ほどきを受け、15歳にして修行者が阿闍梨（あじゃり）となるための伝法灌頂（でんぽうかんじょう）を授かるに先立って修習される四段階の修行である「四度加行（しどけぎょう）」を修了した。

　慈雲尊者の修行時代の心事を察するのに最も良い手がかりとなるのは慈雲尊者自らが記した『千師傅』である。

　　「予千師に禮事する願あり。本師は法楽寺第二世忍網貞紀和尚也。

此は別傳あり、此の例に非ず。此の千師は道俗を擇ばず、一事の師
　　　とすべきを記す也(6)。」

とあり、千師に対して本師は忍綱貞紀和尚であり、忍綱貞紀和上以外には
師とする者がほかにはいないとはっきり断言し、忍綱貞紀和尚に対する特
別の敬意を示している。まさしく忍綱貞紀和尚あってこそ「道俗を擇ば
ず、一事の師とすべき」とし、忍綱貞紀和上によって自己の精神を豊かに
していくことが可能となったのであった。

　さらに、「十善略記」序文においては、次のように述べている。

　　　「此の中文々句々、先師大和上の授来るところなり。愚小子艸髯
　　　にして俗を出で、幸に浄持戒の師に遇い、常に膝下に侍して親しく
　　　誡勗を受く。滅後三十年、慈顔目に存し法言耳に在り(7)。」

とし、本師と仰ぐ貞紀和尚に対する限りなき敬慕の情を表している。

　忍綱貞紀和上は慈雲尊者を伊藤東涯の儒門に入門させ儒典詩文を学ばせ
た。「東涯はその師伊藤仁斎より堀川学派といわれる一派を継承して大成
した。その学風は非常に広い分野に渡り、歴史から国語学といった範囲に
まで及んでいる(8)。」慈雲尊者の梵学から儒学、神道までに及ぶ広範囲の
探究心はこの時期にその素地が養われたものと考えられる。

　また、堀川学風が仏教に対し寛容であったことも慈雲尊者には幸いし、
仏教界にとっても幸甚であったと考えられる。なぜなら、慈雲尊者自身出
家に際し、「十年の間能々仏教を勉強し、還俗してその嘘を世間に暴いて
やろうと思っていた(9)」と述べているように、仏教に対し当初、非常に批
判的な見方をとっていたからである。このことはやがて、堕落した現実の
僧侶に対する批判に転じ、正法律運動へと展開していく慈雲尊者の生涯の
発端ともなっていると考えられる。

2　慈雲尊者の業績

▶ **1**『根本僧制』

　慈雲尊者の教化の主題である正法律運動は、延享元年（1774年）27歳の時、師の命により高井田の長栄寺住職となったことを契機として、その弟子らと共に掲げられた運動である。正法とは八正道に基づく戒律の意味であり、運動の動機は、おそらくは梵学研究（仏教に関する学問）から導き出された僧侶のあるべき正しい生き方についての考察から生まれたものであろう。また、前述のように江戸期のこの時代、仏教界には世間でも取り沙汰される醜聞が相次ぎ、正義感の強い慈雲尊者の心情をいたく刺激したことは想像できると考えられる。慈雲尊者は江戸時代の仏教界について、次のように述べている。

　　「此の時や無戒閻浮州二満ち、相似の仏法沙界二弥淪し、各々自宗二封ぜられて他宗を無得道と謂へり。勢位を以法門と為、財賄を以大徳と為、闘争を以仏事と為、貧恚を以和合と為。霊利出群の器有るに遇へは、悉く文字言句を事として、生死出離を以て本懐と為る者は、其の一人をも見ず[10]」

　今は、自分の宗派だけを認め他宗派を貶し、勢力が大きな宗派が優位な立場にいる。そのために財力を蓄え、闘争することが仏事であるとしている。修行をして悟りを得る僧侶は存在しないと述べ、正法が地に堕ち修行も悟りもない仏教衰微の時期であるとみなしている。慈雲尊者も僧侶としてすべきことをしていなかった維新以前の僧侶に対して危惧を抱いていたことがわかる。

　後に慈雲尊者は長栄寺において「根本僧制」を定めている。その要旨は僧侶の本分を仏説の信受と修行とすることである。その大道は宗派を超えたものであることなど5箇条から成る「根本僧制」において、慈雲尊者はその宗教的基盤を盤石のものにし、様々な領域から有志の寄り集まるところとなった。

図表3-1　根本僧制

第一	すべての僧侶の行動は律の規定に従ったものでなければならない。人情は考慮せず、根拠のないことや曖昧なことは行ってはならない
第二	律に従って行おうとしたときに律に記載されてなかったり、記載されていても解釈が困難であったら経や論書に従うこと
第三	律や経、論書に記載されていても日本の風土や慣習に合わない行事・作法は行うべきではない。釈尊が説かなかったことでも、今では必要となっていることに関しては日本先徳の経、または話し合いによって決めること
第四	長栄寺の規則としてどのような宗派にあるものでも、仏教として忠実であればすべて仲間である。長栄寺で法事などを行っても妨げるものではない。このように他宗派の人であっても修行をしたり住職になっても問題はない
第五	戒律の正しい実行が仏教を後世に伝える命である。自分の思うところに従って戒律と禅定を修めて学ぶべきである。怠けて、面倒くさがって日々を送ったり、自分の宗派を比べて自宗派が最高で絶対であるという論争をしてはいけない

＊「戒律」というが、「律」は教団の生活規則であり、それに対して「戒」は個人の誓いである。

　この根本僧制が執筆されたときこそ、慈雲尊者の思想の核といえる「正法律」という語に象徴される活動が開始された瞬間であり、その後の慈雲尊者や同胞たちの根本的指針となっていく大変重要なものであった。これが「正法律」の基礎といえる。

　ここで注目しなければならないことは、慈雲尊者の徹底した仏教界批判である反面、諸宗派の総合統一ということである。

　宗旨によって袈裟や衣が違うことは慈雲尊者にとっては許しがたい、相似の仏教（まがい物の仏教）の実態として映っていたのである。「道洞昌和の人もあるまい。[11]」と仏教に絶望を抱き、「根本僧制」の主張は慈雲尊者が一切の妥協を許さない峻烈なものであったことは明白である。そして、超宗派的な一つの立場があると考えるのではなく、それぞれの宗派が開かれた宗派の立場として成立することが望ましいと考えていたのである。

図表3-2　根本僧制の主張するところ

徹底した仏教界批判	諸宗派の総合統一
正法が地に堕ち 修行も悟りもない仏教衰微	宗旨によって袈裟や衣が違うことは許しがたい、相似の仏教（まがい物の仏教）

超宗派的な一つの立場があると考えるのではなく、それぞれの宗派が開かれた宗派の立場として成立することが望ましい

◆ ❷『十善法語』

　晩年、慈雲尊者は54歳にして京都阿弥陀寺に移り、『十善法語』を講じた。慈雲尊者の生きた時代は田沼意次（1719年－1788年）が老中だった「田沼時代⁽¹²⁾」と同時期であり公然と賄賂が行われ、いわゆる賄賂政治といわれていた。その賄賂政治は江戸期の政治史の新紀元でもあるが、影響は一般庶民にも及び、退廃した風潮が世情に流れた。このような状況を前にして、慈雲尊者は儒教の仁愛と仏教の慈悲の普遍的人間の心のあり方を説いて、民心に訴えた。庶民に仏教をやさしく示すために著した『十善法語』には道徳的な生活を確立するために必要である自然な人のあり方に基づいた倫理規範が盛り込まれ、仏教徒が最も心がけるべき十種の善業であるといえる。十善戒⁽¹³⁾はその悪業を行わない正しい生活ということであり、様々な悪業を行うことを抑え、そして諸々の善い行いを心がけ、そして自らの心を清めることに努めるという思想である。これは現代にも通じるものがあるように思われる。

図表 3 - 3　　十善戒

身：身体の行い	第一	慈悲	不殺生戒 せっしょう	哀れみ深い心を持ち生命を殺さない、傷つけない
	第二	高行	不偸盗戒 ちゅうとう	堅く節操を持ち、人の領分を侵さない
	第三	浄潔	不邪淫戒 じゃいん	身を清らかにして、よこしまなことをしない
口：言葉の行い	第四	正直	不妄語戒 もうご	心を正直にして、嘘をつかない
	第五	尊尚	不綺語戒 きご	心を高く掲げて、でたらめをいわない
	第六	柔順	不悪口戒 あっく	柔軟な心を持ち、人をののしらない
	第七	交友	不両舌戒 りょうぜつ	交わりを大切にし、他人の仲を裂く言葉はいわない
意：心の行い	第八	知足	不貪欲戒 とんよく	分限をわきまえ、むさぼらない
	第九	忍辱	不瞋恚戒 しんい	よく忍耐して、怒らない
	第十	正智	不邪見戒 じゃけん	正しい智恵に従い、偏見を持たない

この中で、殺生などの悪をなさない持戒と、慈悲の心を起こすといった善行の両方が併せて説かれている。この悪をなさず善を行う十善の働きは、もともと人間の本性、つまり人々にもともと備わった徳であって今更になって新しくできたものではない。ただ、世の中の人たちは、自分の中にある宝に気付いていないだけだという。これを「人間の生まれたままの心」「菩提心」「本来の自分」「直心（じきしん）」といわれるが、受戒によって初めてその心に気付くということが肝要である。

　十善運動より前の時点では慈雲尊者は十善戒を世間戒（在家）とし、五戒と八戒を出家戒（出家僧）とし、間に一線を引くとともに十善戒の戒めを犯す原因は「間違った言葉」と「間違った行動」であるとしていたが、十善運動以降の法話では、

　　　　「且く差別せば、十善を世間戒と云ヒ、沙弥比丘戒等を出世間戒
　　　　と云ヒ、菩薩戒を在家出家の通戒と云フ。若シ要を取て言はば、世
　　　　間戒も出世間戒も、声聞戒も菩薩戒も、此ノ十善戒を根本とするじ
　　　　や。初心なる者は、世間戒と聞ては少分なること、思ひ、声聞戒と
　　　　聞ては尽さぬこと、思ひ、菩薩戒と聞ては高く尊きと思ふ。それは
　　　　名に著する迷と云フものじや。此ノ十善戒は甚深なること、広大な
　　　　ることじや(14)。」

と述べ、十善戒を仏教全体に通じる根本的なものであり、すべての取り決めを統合するものであると考えを修正している。

　人は日常の行為に悪を内包し生きているといえる。人は放っておけば、意識的または無意識的を問わず十悪を成すものであり、十善とは、十悪を行わないことが正しい行為であるとするものである。十善は決して「何もしないことは善である」との意味ではなく、人が「行為をするなか」で、十悪を行わないのが十善であり、意志によって十悪を行わないように努めるのも善に順じた行為である。

　十善を指針として、たとえできなくとも十善を行おうと勤め、十悪を犯さないように努めることは、健康であり、完全で、正しいものであり、道程であり、やがて達せられるべきもの、そして、乗り越えられるものである。

3 慈雲尊者の正法観

　正法とは釈尊の教えの根本を指すことである。慈雲尊者の正法観は出家後に変化を示し、さらに「神道研究[15]」の前後でも変化を示すこととなり、仏教的概念から仏教の枠を超えた普遍的な概念へと展開し世俗に対しても広く適用された。慈雲尊者は双竜庵隠棲中とみられる法話の中で次のように述べている。

> 「正法とは、経律論を多く記したを云フでない。神通あるを云フでない。光明を放つを云フでない。無碍弁舌を云フでない。向上なるを云フでない。唯夕仏の行はせられた通りに行ひ、仏の思惟あらせられた通りに思惟するを云フ[16]。」

として、正法とはただ仏の行った通りに行い、思惟した通りに思惟することであるとしている。また、

> 「若シ但に正法と云ハば、像似ノ法に対せる名にも用ゆ[17]。」

と述べ、正法を像似（相似、まがいもの）の法に対するものとみなし、

> 「相似の法と云フは事弘きことなれど、肝要は如来在世賢聖在世に異なる法は皆相似なり[18]。」「相似ノ正法とは、末世ノ弊儀人師の所立なり。瑜伽論には像似ノ正法と云フ[19]。」

と述べている。すなわち、人為的に作られた法は倫理規範という意味では人としてあるべき道と似ているが、慈雲尊者のいう正法とは本来から備えられている人間らしさや、人としての生きる道などの根本的な領域を定義したものであるとし、仏教的な概念として解釈している。しかし、神道研究以後の作と見られる『纛細問答』の中では、「一切世間のありとほり[20]」の法、または「自然法爾[21]」の法を正法と捉え、人が考えて作り出した作為的なものは外道、または僻解とみなしている。

　すなわち、神道研究以後、慈雲尊者の正法の概念は「如来在世・賢聖在世の法」という仏教の枠を超え、「一切世間のありとほりの法」、「自然法爾の法」と普遍的なものへと変わっている。しかし、「如来在世・賢聖在世の法」であれ、「一切世間のありとほりの法」、または「自然法爾の法」で

あれ、いずれもその基盤は一切の作為的なものを否定し、本来のあるがままの純粋な状態を重んじていることに変わりはないと考える。

図表3-4　まとめ

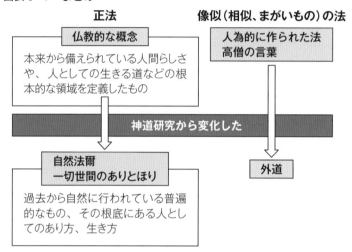

いわゆる、仏教的な概念を超え、過去から自然に行われている普遍的なもの、その根底にある人としてのあり方、生き方そのものに注目し、真の「人間らしさ」を追求していくことに解を見いだしたと考えられる。

4 『根本僧制』

　これまで慈雲尊者の生涯について見てきたが、慈雲尊者の僧侶としての生き方には二つの大きな柱がある。「一つは僧侶自身が矜持を正す戒律遵守という柱であり、一つは社会に向かって提示する宗教的教化という柱である[(22)]。」僧侶自身が自尊心を正す戒律遵守という柱では、慈雲尊者はその人生の大半をこれに費やしたと考えてよいであろう。慈雲自身幼年期において鋭い批判精神によって感じた仏教と、現状の仏教界の堕落を、戒律の復興によって正そうとしたのである。そこには多分に儒教者たちによる仏教僧侶批判の影響がある。慈雲尊者の戒律復興運動は、仏教者の正しい養成を意味したとともに、言行一致の儒教精神を、強く仏教に活かした生

き方であったといえる。慈雲尊者はその晩年、唐突とも思えるような変身を遂げ大衆教化に向かうが、それは長栄寺における戒律復興運動を完遂した後であった。自身の矜持を正した後にものをいうというのは正に儒者の本領といえるもので、儒教的な生き方であるということがいえるであろう。また、それは慈雲尊者の出身が武家[23]であったことも見逃せない。儒教は家康以来の武家の思想の中核を成していたからである。

　慈雲尊者が戒律復典を目指した理由にはもう一つ重要なことがある。それは多年にわたる「悉曇研究[24]」である。慈雲尊者がこの研究に邁進した背景には釈尊の正法探求という目的がある。この研究を通じ慈雲尊者は釈尊在世時の仏教サンガ（出家修行者）のあり様を深く考察したものと考えられる。さらに仏教サンガとはいかにあるべきかの指針を、その研究から得たものと思われる。慈雲尊者の生涯はその純粋性に非常な特長があるが、それは慈雲尊者自身の本来の性格とともに、初期仏教（釈尊が生きていた時代を含む初期のおよそ150年から200年の間のプレ部派仏教）への憧憬と心酔に寄るところがあったといえる。

　慈雲尊者は寛延2年（1749年）に『根本僧制』を定め正法律と称した。『高貴寺規定』の中で次のように述べている。

　　　「正法律とは聖教の名目にて外道邪宗に対して仏法の尊尚を表せるなり。…今正シく私意を雑へず、末世の弊儀によらず、人師の科簡をからず、直に金口所説を信受し、如説修行するを正法律の護持と云フなり[25]」

とし、正法律を私意や誤った習慣が混ざっていない「仏陀が唱えた」法であると述べている。『根本僧制』の中では、

　　　「第一、一切事須ク律ニ依テ判ズベシ。人情ヲ顧ミ及ビ己臆ミ任コトヲ得ズ。第二、若シ律ニ依テ行事セント欲スルニ、律文或ハ闕或ハ不了ナラバ、須ク経及ビ論蔵ノ所説ニ依ルベシ。第三、若シ三蔵ノ所説ニシテ事ニ於テ行ズ可カラザル者、或ハ聖言末ダ具セザル者ハ、則須ク支那扶桑諸大徳ノ所詰、及現前僧伽ノ和合ニ依ルベシ[26]。」

とし、一切のことは律に準じて判断するが律文にないか、律文に明らかで
ない場合は物事のどおりに準ずるとし、三蔵の中に説かれてはいるが習慣
の相違によって行うことができないこと、例えば沐浴^{もくよく}やその地域にない作
物を使って行う儀式など。また仏が説いていないことは支那（中国）・日
本の諸々の徳のある高僧の意見の合によって行うと定めている。すなわち
正法律は仏教の聖典を第一に、日本の様々な習慣及び高僧の指導によって
行うと定めている。そして、正法律が拠り所とする律部については、

> 「問、釁夢不祥ニシテ部執維レ張レリ。今之宗トスル所口是レ何
> ノ律ゾ。答、印度之境四部具スル雖ドモ有部最モ盛ナリ。支那日本
> 之受縁偏ニ四分ニ在リ。受ニ約シテ随ヲ明ス万世異論無シ。今雑シ
> テ諸部ヲ明スト雖四分ヲ本トス⁽²⁷⁾。」

と述べ、『四分律』^{しぶんりつ}を律とすることを明らかにしている。『四分律』とは、
インドから中国に伝わって漢訳された五つの律蔵のうちの一つで、中国は
もとより日本においてもっとも実行され、僧侶についての規定や禁止条項
などについて説かれた聖典である。『四分律』の「四分」とは、その全体が
四つに分割されて伝えられてきたことから名付けられたものである。要す
るに正法律は諸律すべてを依行し、諸徳の説を隔たりなく受容するが、中
国・日本の習慣に従って『四分律』を根本とすることを基本的立場として
いる。

　『根本僧制』には寛延２年（1749年）の本文と、明和元年（1764年）の作で
釈が付けられたものが存在する。両編は作成時期と内容において相違があ
り慈雲尊者の戒律観に変化があったと考えられる。両編の『根本僧制』第
三条においては次のように記されている。

> 「印度よりして支那、支那よりして我朝、風土同からず。其ノ正
> 法律十善の法は、万国におし通じ、古今に推シ通じて、差異なけれ
> ども、行事は或ハ通塞あり。支那の風これを我朝に施すべからず。
> 立を礼とする等なり。沙門の中或は可也。貴人官辺には其ノ式行ふ
> べからず。此ノ類先徳の所詰あり。亦現前僧の和合あるべし。内衣
> を著せず、直に偏担する。又食事に匙箸を用ひざるは、印度の聖儀

　　　　なれども、此邦の風儀に異なり。又先徳の所詰、現前和合の式ある
　　　　なり⁽²⁸⁾。」

とあり、両編とも印度・支那（中国）・日本はそれぞれ風土が違うため、
その国の風土に応じて行事を行うべきであると述べているが、明和元年の
『根本僧制』においては十善の法は世間戒であり、慈雲尊者のいう正法律
とは異なるものであったが、「十善を正法律と共に万国・古今に通じる法
である」とし正法律と十善を同等に位置付けている。

　そして、『十善法語』の総論に「人の人たる道はこの十善に在る。人たる
道を全うして賢聖の地位にも到るべく、高く仏果をも期すべきである。⁽²⁹⁾」
ということは道徳に徹底すればそれは宗教にも通じることを意味してい
る。慈雲尊者は道徳と宗教とは何らの矛盾はなく一致するものであり、か
たく道徳の道を進めば、そのまま宗教に通じるものであるとしている。

　そして「十善を全うして賢聖の地位に至るべく、仏果も期すべきであ
る」というのはその教えが、ただ個人的にとどまるように見えるが実はそ
れにとどまるものではない。「此の十善は独善逸居の趣にあらず、世をお
さめ民をすくふ⁽³⁰⁾」道であり、みずからのために仏道修行し、さらにそ
の得たところをもって他を教化すること（自行化他）が道であるとしてい
る。さらに十善を結ぶにあたり「此の十善を全ふせば、其の身を修め、其
の家を斉へ、其の国を平治するに余りあり⁽³¹⁾。」として、十善の教が単に
個人的な修身の道であるにとどまらず、国家社会を治める道であることを
強調している。すなわち、十善は個人的に、また社会的な道徳であるとと
もに宗教にも通じるものであり人の幸福な生活に通じるものであるとして
いる。このように一般的には道徳から宗教へということが最も順当な順路
であって逆の道は一般の教えにはならない。したがって、十善の教えが仏
徒としての慈雲尊者には尊い教えとして深い意味をもつものであると考え
られる。

3 慈雲尊者の正法律運動と『ひととなる道』

▶■1『ひととなる道』

慈雲尊者の十善関連の著作として『十善戒御法語』がある。安永元年(1772年)の作であり、十善戒の大意を述べたものであるが、十善を倫理として強く打ち出すために再考し、天明元年(1781年)に『人となる道』を著した。これは十善関連の著作の集約編ともいえる。『人となる道』は仮名で書かれ、一般人でも読みやすいよう配慮されている。

慈雲尊者は『十善戒御法語』において、次のように述べている。

> 「真正にこれ(十善)を護持すれば、諸仏菩薩も自己心中より現じ、一切法門も我身にそなはるなり。若これにそむくは十悪業と名づく。人たる道をうしなふなり[32]。」

とし、十善に背くことは「人たる道」を失うことであるとしている。『十善戒相』の中では、

> 「人の人たる道は、此ノ十善に在ルじや。人たる道を全くして、賢聖の地位にも到るべく、高く仏果をも期すべきと云フことじや[33]。」

と述べ、十善を「人となる道」として位置付けている。「〜じや」と表記されていることからも分かるとおり口語体であり、宗教人のみではなく一般人に対しても説法をして幅広く浸透させていたことがわかる。

『人となる道』の注釈書である『人登奈留道随行記』においては、

> 「安永のはじめ(1772年)、吾師京師にあり。時に縁事ありて有縁緇素のために十善戒を授与す。因に略してその趣を記せり。こゝに二三子拝閲して置ことなき、更にその戒相を聴受せんことをねがふ。月の八日二十三日は仏世より承ケ来りて垂誡の日たり。こゝに

　　その請に応じ、安永二年癸巳十一月二十三日より起首し、同三年甲
　　午四月八日にいたりて、乃至不邪見戒満ぜり。承受のもの随てこれ
　　を記し、十二巻を成就す。その略をねがふ者、その広をねがふも
　　の、ともに仏世の正法、上中下根にをし通じて、此分あることをし
　　る。知ルものはいよいよすゝむ。日々受持し時々読誦し、左之右之
　　みづから心地を照さんことを請す。吾師これにより先の略せる一
　　本を校正して、再びその求に応ぜり[(34)]。」

と記され、安永3年『十善法語(じゅうぜんほうご)』が説かれた後、人々の間に次第に十善が
広がり、その中には、日々の生活の中で十善を心を照らす法として修める
ことを願うものもいた。慈雲尊者はその人たちの願いに応じて『十善戒御
法語』を再考したとしている。つまり、慈雲尊者が『十善戒御法語』を改め
て『人となる道』と題したのは、十善を倫理として、より積極的に提示す
るためであったと考えられる。要するに、十善運動のはじめから十善を
「人となる道」とみなしていた慈雲尊者は、十善が人々の日常の生活の中
で心地を照らす法として願われるのを見て、十善の倫理性をより明確にす
る必要性を感じたものと考えられる。

　この『人となる道』は安永3年に桃園天皇のご生母に献上され、法話を
している。そこでは

　　　「十善と云フは、聖主の天命をうけて万民を撫育するの法なり。
　　　此ノ法ちかくは人となる道にして、遠くは仏の万徳を政就するな
　　　り。[(35)]」

とあり、十善戒の中には天皇が国を統治するための帝王学、儒教の「治国(ちこく)
平天下(へいてんか)」(国を治め、天下を平らげるための道)が存在し、この十善の教え
の担い手が天皇であるということを説いている。つまり、天皇が正しく国
を治める教えとして十善を示し、人として最高の人が自らが実践し、国民
にこれを示し、そして政治の場で実現することが「まつりごと」の道であ
ると説いたのである。

　多くの人は人間が人間である限り行うべき道、つまり、それを逸脱する
と人間ではなくなるものだと基本的な事項を一般化しているといえる。

人は、生物上のカテゴリーとしてはヒトであったとしても、生まれなが
らにして「人」とはいえない。人は教育を受けず、自分自身を自制するこ
となく、倫理の規定を無視して生きると動物以下の行為を無意識にしてし
まう生き物である。近代のマネジメントでは性善説を基礎として考えるこ
とが基本となっているが、太古の時代から性悪説の考えがあり、普遍的な
ものとされてきた。人は、生まれ育つ中で家族や社会から何事かを教え諭
され、自ら学びそして教えていく、その関係の中で人としての原型を作る
過程がある。逆にどれだけ高度な教育を受け重要な立場で仕事をしている
としても、人は「人とは思えない」行いをする。大企業の経営幹部や政府
高官、大臣、国会議員などであっても悪行を行い、堂々と開き直り保身に
走る。それはむしろ人だからこそ為し得る行為だが、その姿は滑稽であり
嘲笑の対象となるが「人間らしさ」とは、これらを含め人に特有の徳性で
あるといえる。

　感情に左右されて行動するのは「人間らしさ」とはいえず、「人間らし
さ」とは、理論によって明確にされた思想を持ち、それに基づいて行動す
ることである。

　ここで重要なのは、何を以て「人間らしさ」と考え、そして行動するか
ということである。仏教が説く「人間らしさ」の行いは十善であり、仏教
を超えて人が人として行わなければならないことも十善であるといえる。

　そして十善とは、慈雲尊者の言葉を借りていえば「人となる道」である。

◀ ② 慈雲尊者の思想における世俗の道徳強化

　慈雲尊者の正法観は表現の上では「如来在世・賢聖在世の法」から、「一
切世間のありとほりの法」、または「自然法爾の法」へと変化したが、いず
れも本来の純粋な状態を重んじる点で同質のものである。

図表 3 - 5　**世俗の道徳強化**

出家前	**儒教の影響**
	釈尊を虚偽の説をとく首領であるとし僧侶や仏教を嫌っていた
出家後	**梵学・仏教の習得**
	「如来在世・賢聖在世の法」と定着し、仏教的な概念とした
	現状の仏教に絶望を抱き徹底した仏教界批判を行う
	神道研究　　　　　　　**天命 8 年　71歳『無題抄』を著す**
	「一切世間のありとほり」の法、または「自然法爾」の法として捉え、仏教的概念から仏教の枠を超えた普遍的な概念へと展開し、世俗に対しても広く適用

　こうした正法観は、諸活動において古風と実践の重視、超宗派思想と諸思想の摂取という形で現れたと考えられる。

　慈雲尊者の正法観をそれぞれの活動に即して見るならば、まず仏教復古運動において、慈雲尊者は仏陀の行じた法こそ正法であると定義し、仏在世のあり方を復興することに力を注いだ。民衆教化運動においては、大小の諸経論を隔たりなく広く受用し、十善を人となる道としてだけではなく仏果をも期する法として位置付けた。十善運動は、十善が具体的なものであって、日常生活の中に倫理として馴染（なじ）みやすく、一切の人に適用されるという点において普遍性を持っていると考えられる。これらは後述するホスピタリティの精神と共通の意味を含んでいると考えられる。

図表 3 - 6　**まとめ**

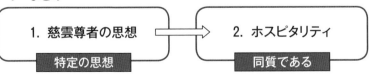

　慈雲尊者の思想はホスピタリティの精神と共通の意味を含んでいる。

第3章 ここまでのまとめ

1. 慈雲尊者は出家前、大乗の仏教を軽蔑し、仏教の輪廻の教えは根拠がなく、天国や地獄は人々の利己心や恐怖心から生まれた空想の産物であり人の心を惑わし、人の円滑な生活を脅かす悪想の根源とみなしていた。

2. 出家した理由は仏教を勉強し、その嘘を世間に暴いてやろうと思っていた。

3. 慈雲尊者の探究心は梵学から儒学、神道、歴史から国語学までに及ぶ。

4. 世の中のことを詳しく知りすぎるために、先入観などから仏法のありのままを受け入れることができないという仏教への偏見があったことを悟る。

5. 江戸期の時代、仏教界には世間でも取り沙汰される醜聞が相次ぎ、正義感の強い慈雲尊者の心情をいたく刺激した

6. 江戸期の僧侶は財力を蓄え、闘争することが仏事であるとしている。修行をして悟りを得る僧侶は存在しないと述べ、正法が地に堕ち修行も悟りもない仏教衰微の時期であるとみなしている。

7. 僧侶の本分を仏説の信受と修行とすること。その大道は宗派を超えたものであることなど五箇条から成る「根本僧制」を定めた。

8. 『十善法語』には道徳的な生活を確立するために必要である自然な人のあり方に基づいた倫理規範が盛り込まれ、仏教徒が最も心がけるべき十種の善業であるといえる。

9. 仏教的な概念を超え、過去から自然に行われている普遍的なもの、その根底にある人としてのあり方、生き方そのものに注目し、真の「人間らしさ」を追求していくことに解を見いだした。

10. 慈雲尊者は道徳と宗教とは何らの矛盾はなく一致するものであり、かたく道徳の道を進めば、そのまま宗教に通じるものであるとし、道徳に徹底すればそれは宗教にも通じることを意味している。

▶第3章　参考文献

（1）木南卓一『慈雲尊者』 三密堂書店、1961年、p.14

（2）『方服圖儀講解』第一巻　全集2

（3）第十不邪見戒「たとえて言わば、心性は月のごとく、境界は盤水のごとく、妄念想像は
　　盤水の月影のごとくじゃ。盤水ある処はかならず月影ある。月影は月輪の体ならねども、
　　影はかならず月によって生ずる。かくの如く、境界のある処はかならずその念生ず。念
　　はかならず本性によって起こる。盤の多少によってつきかげもまた多少がある。月影に
　　多少はあれども、天上には唯一月輪のみ。かくの如く、念想は境にしたがって多少あれ
　　ども、心性はただ一法性のみじゃ。この盤水を彼の瓶にうつすとき、この月影が彼へう
　　つり往くに非ず。当所に滅して当所に生ずる。念想もまたかくの如し。その水をこぼし
　　おわれば、その月影が飛び上がって天上の月中に帰るには非ず。当所に生じて当所に滅
　　するが如く、この境去ればこの念去って本性へ帰るには非ず。ただ当所に生じて当所
　　に滅する。昨夜の月影は昨夜に滅する。滅しおわって無きかと思えば、こよい盤水を貯
　　えれば、かならず昨夜の月影の如くにうつる。今年、中秋の月影は去年の影ならねども、
　　かならず去年中秋の月影に違いなくうつる。念相も亦かくの如く、今日の念は昨日の念
　　ならねども、かならず昨日の如く生ずる。」（『慈雲尊者全集』11巻「十善戒」）

（4）木南前掲（1）、p.3

（5）木南前掲（1）、p.23

（6）飲光著、長谷宝秀編『慈雲尊者全集7巻』「千師傅安名集新集」 思文閣、1974年、p.54

（7）飲光前掲（6）14巻「十善略記序文」 p.82

（8）木南前掲（1）、p.34

（9）木南前掲（1）、p.3

（10）飲光前掲（6）1巻「方版図儀」 p.87

（11）飲光前掲（6）14巻「今後は法をとくまい」 p.750

（12）江戸時代中期には商業資本、高利貸などが発達し、それまでの米を中心とする重農主義
　　的政策から重商主義的政策への転換の時代にあたる。江戸時代の三大改革が復古的理想
　　主義、重農主義を特徴とするのに対して、田沼は商業資本を重視した経済政策を行った。
　　「田沼時代＝賄賂政治家」という説が通説であった（山田忠雄『史学43　田沼意次の失脚と
　　天明末年の政治状況』 慶應義塾大学、1970年）。

（13）飲光前掲（6）6巻「十善法語」 pp.111-118

（14）飲光前掲（6）11巻「十善法語」 pp.3-4

（15）慈雲尊者は天明8年、神道研究に取り組んだ。同年夏に著した『無題抄』の中で、「天明
　　八年戊申の夏、予齢七旬にあまり、僧臘四十九なり。若シ今年の夏を善なく満ぜば五十
　　夏なり。我カ国に在て此ノ福縁にあふ。皇恩しらざるべからず。我ガ皇は天壌既に定り
　　たるより宝祚かたぶきなく、公卿みな禄を世々にし、文武のつかさみな其ノ職を守りて、
　　万民とこしなへにやすし。此ノ皇恩をおもうて、夏の初より日本紀神代巻を披覧す。幼
　　年の時も見ざるにもあらず、中年の比にも手にふれたる事なれども、その時は密教の事
　　相、律儀の持犯、天台賢首の教相、玄奘慈恩の性相を、我家の事とおもうて、神書はそ
　　の家たる吉田白川、伊勢内外宮の神官などの極め言にまかせぬ。近比は山崎垂加、増尾
　　大和、余田伊織、多田兵部などが説もあれば、予がごとき短才の者、彼も是も同一にま
　　ねびて、俗語に云フーもとらずこもとらずのあざけりをのみ、おもひはかりて、唯ダ

軽々に見過しける。今は齢桑楡にかたむきて、衰老時いたりぬれば、世の為メ人の為に
なるべきおもひもなく、唯夕自己心地のやしなひを思ふより他なければ、をのづから余
念にもわたらぬ事なり。誠や神代の深遠、神道の幽玄、我カ国皇統の万代つきしなき、
ことはりふかきこと、舎人親王の筆削にあらはれたる。

　今その人にあうて手をとりてあそぶごとく、神代のことわざ、今眼に看てともにとも
に遊泳するが如くなれば、国常立尊の御めぐみ、天照皇太神の御いつくしみ、我ガ身に
あふれて、感涙をもよほすなり。(『慈雲尊者全集10巻』　pp.581-583)

と述べ、自分の心地を養うために、神道研究を始めたことを明らかにしている。
　また、慈雲尊者の神道説は『光尊者伝』の中に、以下のように述べている。

　　　尊者又近世神道ヲ語ル者、妄ニ浅陋鄙媒ノ説ヲ為シテ、大ニ国ノ遺風ヲ傷ヲ痛
　　　ミ、住山ノ暇、意ヲ神書二留ム。所謂三紀ハ論亡シ、兼テ諸家ノ紀録ヲ采リ、旁
　　　ク先哲ノ遺書ヲ考へ、普ク衆説ヲ会シ、短テ捨テ長ヲ拾ヒ、遂ニ一家ノ神道ヲ成
　　　シ、之ヲ門人及ビ有志ノ士二伝フ。謂ク神道玄妙、吾ノ密教ト、表裏ヲ相為ス。
　　　学密之徒、闇テ学ハザルベケンヤ。宜ナリ。伝教弘法弘教ノ大士、カヲ此二竭ス
　　　コトナリ。(『慈雲尊者全集首巻』　p.44)

とあるように、基本的に密教に基づき、諸家の神道説の長所を隔たりなく受容するもの
である。

(16) 飲光前掲 (6) 14巻「法語集」　p.331
(17) 飲光前掲 (6) 6巻「方版図儀」　p.8
(18) 飲光前掲 (6) 14巻「法語集」　p.340
(19) 飲光前掲 (6) 6巻「枝末規縄」　p.77
(20) 「堀君燕(景山の徒弟)間ふ、世の道を説くもの、我が道真正なりと謂はざるはなし。そ
　　 の正法と外道といかんが弁明すべき。答ふ、一切世間のありとほり、これ道の在るとこ
　　 ろなり。比の中分別構造して理の外に道を立つる、これを外道と名づく。」(飲光前掲
　　 (6) 1巻「補遺」　p.80)
(21) 「道自然法爾に備はりて欠減なき、これを正法と言ふ。構造布置して成立せるは皆僻解な
　　 り。」(飲光前掲 (6) 1巻「麤細問答」　思文閣　p.74)
(22) 立川武蔵、頼富本宏編『シリーズ密教 三 中国密教』　春秋社、1999年、p.69
(23) 祖父は高松藩蔵屋敷内の校官であり、父は播州赤松出身で浪人就任が常に寄宿していた
　　 (木南卓一『慈雲尊者』 三密堂出版、1961年、p.12)。
(24) 慈雲尊者は『普賢行願讃梵文開書』の中で、次のように述べている。

　　　「仏教を学フ者も、翻訳の経のみにて義を取りては、取りそこなひ多し。古徳
　　　の一宗に祖たる人も、梵学に疎きは疎失あると云へり。況や其レより下々の人は
　　　云フに及バぬことなり。今日諸宗の取りそこなひあることも、皆梵文を解せぬ
　　　故、仏意を失ふ事多きなり。其レ故上根の人は、但ダに梵文を読ンで可なり。中
　　　下根は、其レ程に在るまじければ、翻訳の経を読ンで梵文を以て照し見るべきな
　　　り。」(『慈雲尊者全集 9 巻下』　p.4)

　すなわち、翻訳された経のみによっては仏意を見誤ることが多く、当時の諸宗の意が
仏意と相違するのは、梵文を理解できないことにあるとし、それぞれの機根に応じて梵
文の経典を用いることをすすめている。

（25）飲光前掲（6）6 巻「高貴寺規定」　p.83

（26）飲光前掲（6）16巻「方服図儀」　p.3

（27）飲光前掲（6）1 巻「十善法語」　p.65

（28）飲光前掲（6）6 巻「十善法語」　p.72

（29）飲光前掲（6）12巻「十善法語」　p.12

（30）飲光前掲（6）13巻「十善法語」　p.44

（31）飲光前掲（6）12巻「十善法語」　p.469

（32）飲光前掲（6）13巻「十善法語」　p.7

（33）飲光前掲（6）11巻「十善法語」　p.3

（34）飲光著『人登奈留道随行記』　仏書出版会、1886年、p.1

（35）飲光前掲（6）13巻「十善戒相」　p.1

第 **4** 章

慈雲尊者の思想の現代性とホスピタリティとの関係性

　　慈雲尊者の思想は「人の生きる道」としての「倫理・道徳」であるが、宗教的な側面が垣間見られる要素があると悪意的な意識によって誤認され、現代の産業界に浸透させることは困難の極みである。しかし、慈雲尊者の思想とホスピタリティの基盤には共通する「平等性」「人倫」「社会倫理」が存在し、全体の型が形成されている。慈雲尊者の思想はホスピタリティ精神と近似しており、人としての心を取り戻すことにより弱者の救済、組織の健全化、市場への貢献ができるのである。慈雲尊者の思想を基礎にホスピタリティの真の意味を理解し、人としての精神を明らかにし、実践することが現代の産業界にとって必要なことであると考える。

1 大乗仏教における平等観

◆ **1** 慈悲について

　ここでは、大乗仏教、慈雲尊者の思想、ホスピタリティにおける平等観と、慈雲尊者の思想、ホスピタリティにおける倫理観の関係について考察する。

　釈尊に始まる仏教は悟りをその本旨とするが、悟りが釈尊によって説かれて初めて仏教は世に伝えられたことから、釈尊の慈悲を謳いその発展は一切衆生の救済へと進んできた。釈尊の思想はこの世の衆生を救う仏の「慈悲」の協調が見られる。『阿含』や『阿毘達磨』の教えにもある「四摂法」の一つに「利行」がある。「四摂法」とは「他の人を助ける・救うための四つの実践徳目」である。それは、「布施・愛語・利行・同事」である。

図表 4-1 　四摂法

	実践徳目
布施	幸せを一人占めせず、精神的にも物理的にも広くあまねく施すこと
愛語	慈悲・慈愛の心をおこし、愛情豊かな言葉で語りかけること
利行	見返りを求めない相手への行いのこと
同事	自分を捨て相手と同じ心・境遇になること

　常に他人のために利益となることを行うことが「慈悲喜捨」であり、拡大解釈をし「四無量」の成立を見る。このことについて中村は次のように述べている。

　　　「完全な無差別から、さらに無償に通ずる場に、いわゆる「無縁の慈悲」を招き寄せて、なんらのかかわりをもたぬものに対しても、大いなる慈悲をもって接しつつ、しかも慈悲ということそのものを空じているという。このような慈悲喜捨は、どこまでも限りなく広げられて、これを四無量と呼ぶ術語の成立を見る[(1)]。」

　釈尊の教えの中の、「自他分離的次元を超越した自他融合的な見え方の世界、およびその真の意味[2]」こそが、自他の隔てなく、「慈悲」を共有することとなるのである。

図表 4 -2　**自他融合**

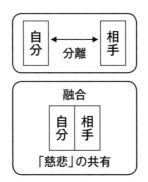

「自他分離的次元を超越した自他融合的な
見え方の世界、およびその真の意味」

　釈尊は経典「スッタニパータ」において「あたかも、母が自分のひとり子をいのちがけで守るように、ありとあらゆる存在においてもまた、このようにはかりしれないこころ持ちでありなさい[3]。」と強調し、「命あるものの痛みを自分のことのように感じ、いのちあるものの喜びを共に喜び互いに共鳴・共感すること。[4]」が慈悲であるとした。その為の奉仕は、単に教法を説くだけでなく、道を求める人はいかなる苦痛をも堪え忍び、物を与えて奉仕しなければならないとし、慈しみは無量でなければならないとした。慈悲の実践とは、差別に則した無差別の実現であり、慈悲の倫理は、「自他不二（じたふに）」の倫理である。特に、大乗仏教においては、「利他行（りたぎょう）」を旨とし、その観点から「六波羅蜜（ろくはらみつ）」の行が、大乗の菩薩行として発展していくことになる。

　このように仏教における慈悲は一般論における全人愛ということではなく、慈悲の対象は人間だけではなく、命あるすべてのあらゆるものが対象となる。さらに、中観派の僧龍樹（150年－250年）は『大智度論』において次のように述べている。

「答曰。慈悲是佛道之根本。所以者何。菩薩見衆生老病死苦身苦
　　心苦今世後世苦等諸苦。所悩。生大慈悲救如是苦。然後發心求阿。
　　耨多羅三藐三菩提。亦以大慈悲力故[(5)]。」

　慈悲は仏道の根本であり、その理由は、衆生がもろもろの苦しみに悩む
のを見て慈悲を生じ、このような苦しみから救い出し、その後に発心して
最高の悟り、阿耨多羅三藐三菩提を求めるのである。というように、慈悲
を悟りの根本に置いた。さらに続けて、

　　「四無量心。慈悲喜捨。慈名愛念衆生。常求安隠樂事以饒益之。
　　悲名愍念衆生。受五道中種種身苦心苦[(6)]。」

とし、四無量心とは、慈・悲・喜・捨という心の働きである。

図表4-3　四無量心

	実践徳目
1. 慈無量心 （じむりょうしん）	人々に無量の情愛の心を起こすこと。「与楽（よらく）」といい、相手に喜びや楽しみを積極的に与え、共に喜んだり楽しんだりすること
2. 悲無量心 （ひむりょうしん）	人々に無量の情愛の心を起こすこと。「抜苦（ばっく）」といい、相手の悲しみや苦しみを抜き取ってあげ、共に悲しみ苦しむこと
3. 喜無量心 （きむりょうしん）	人々の幸せな姿を見て、無量の喜びの心を起こすこと。慈無量心と似ているが、慈無量心は自分から積極的に相手に喜びや楽しみを与えることだが、喜無量心は自らが何かをするのではなく、相手が幸福になっている姿を見て、自らも同じように幸せを感じること。他者の喜び幸せをねたまないことも含まれる
4. 捨無量心 （しゃむりょうしん）	好き嫌いによる差別の心を捨てること。同時にすべてのものに対する執着を捨てること。必要以上の執着は苦しみを生むだけであることを知る。どんなに莫大な財産でも、愛情をかけた者でも死後の世界には連れて行けないように、失うまいと思うがゆえに苦しみを味わうことを知る。

「慈悲喜捨」

　「慈」とは、人を愛しく思い、常にその利益を計って安穏で幸福である
ことを求めることである。「悲」とは、地獄・餓鬼・畜生・人・天の五つ
の生存において様々な肉体的・精神的苦しみを受けている衆生を哀れむこ
とであるとしている。この教説は「悲」の働きを人への哀れみとし、それ
を身と心の共苦とする点で重要であると考えられる。

◆ **2** 大乗仏教における平等観

　次に、慈悲の特徴を示す平等観に着目すると、『大智度論』では、慈悲を三種の対象に区分している。

> 「復次慈悲心有三種。衆生縁法縁無縁。凡夫人衆生縁。聲聞辟支佛及菩薩初衆生縁後法縁。諸佛善修行畢竟空故名為無縁。是故慈悲亦名佛眼[(7)]。」

　すなわち、

　(1) 生きとし生ける者に対して起こすもの（衆生縁〈しゅうじょうえん〉）

　(2) すべての存在は実体がないと悟り、執着を離れて起こすもの（法縁〈ほうえん〉）

　(3) 何らの対象なくして起こすもの（無縁〈むえん〉）

の三種があるとし、このうち無縁の慈悲が無条件の絶対平等の慈悲であるとしている。

図表 4 - 4

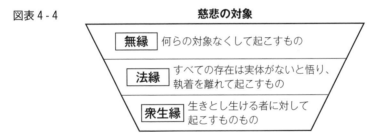

慈悲の対象

無縁	何らの対象なくして起こすもの
法縁	すべての存在は実体がないと悟り、執着を離れて起こすもの
衆生縁	生きとし生ける者に対して起こすものもの

　三つの慈悲に共通するのは平等性であるといえる。まず第一の「衆生縁の慈悲」とは、一切衆生を縁とし、生きとし生けるものを一視同仁に扱うという意味での平等性である。第二の「法縁の慈悲」は、一切法空〈いっさいほっくう〉であり一切存在するものは固定的実体をもたない、無自性空〈むじしょうくう〉の理を縁として施すという真理性における平等性であるとしている。第三の「無縁の慈悲」は、対象に差別を設けず空という体験の境地から、自然に生まれるところの平等性である。

　この「無縁の慈悲」は、一切の差別を見ない無碍〈むげ〉の大慈であり、無縁の大悲であるとし、それは自身のために成すものでもなく、他人のためにも成すものでもないとしている。この徹底した無縁の大悲には自他の差別が

なく、このような自他平等の思想が、仏教思想における慈悲の基盤にあることが指摘できると考えられる。

これらから、大乗仏教における平等の精神の発露は「慈悲」であるといえる。

大乗仏教はこの教えを深め、釈尊を無限に広大で絶対的な人格として仰いだ。釈尊は全智全能の存在として生きとし生けるものに対して平等に無限の慈悲を及ぼし、救済の活動を続けてやまない救世者であるとしている。平等観について『大般若経』では次のように述べている。

「知等觀諸法自性寂靜。不生不滅故名平等。一切煩惱虛妄分別。自性寂靜不生不滅故名平等。名相分別自性寂靜。不生不滅故名平等。滅諸顛倒不起攀緣故名平等。能緣心滅無明有愛。即俱寂靜癡愛滅故。不復執著我及我所故名平等。我我所執永滅除故。名色寂靜故名平等。名色滅故邊見不生故名平等。斷常滅故身見寂靜故名平等[8]。」

すなわちすべてのものはなくなることもなく、生まれることもない。例えば波のように寄せる波もあれば、引く波もあるが相対的には減ってもいないし増えてもいない、全体は静寂とし、量は変わっていないということになる。これを「本来不生不滅」(本不生)といい何事も本来は「自ら生じるものでもなく(不生)」(生の否定)、「自ら滅するものでもない(不滅)」(滅の否定)とされる。

同様に、心は自性(本来、生まれつき)として清浄である。名高い優れた人であってもすべての人と同様な心を持っていて人として皆平等であると説かれている。平等に対する見解が空の実践である菩薩道に即して展開していることがわかる。また『大方廣佛華嚴経』では次のように述べている。

「所謂一切法無相故平等。無體故平等。無生故平等。無成故平等。本來清淨故平等。無戲論故平等。無取捨故平等。寂靜故平等。如幻如夢如影如響如水中月如鏡中像如焰如化故平等。有無不二故平等[9]。」

平等の実践は空の実践と別のものではない。そのことは仏教の平等概念が構造上、空において成立していることを意味していると考えられる。大乗の修行者である菩薩も同様に平等の理想を実践によって実現すべきもの

と考えられ、大乗仏教の見解は、諸法の本質は「空」であるから、一切の
存在は平等であるとされる。

図表 4 - 5

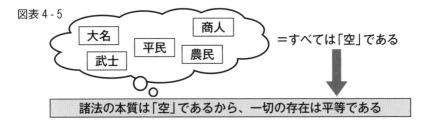

また、『大智度論』では次のように述べている。

　　　「菩薩住是二等中觀一切法皆平等。住衆生等中怨親憎愛皆悉平等。
　　　開福德門閉諸悪趣住法等中。於一切法中憶想分別著心取相皆除滅。
　　　但見諸法空。空即是平等[(10)]。」

　平等には衆生等、法等の二つがあることを示し、菩薩はこの二等中に住
して一切の法を観じ皆平等とする。衆生等の中に住して怨親憎愛皆悉く平
等にして福德門を開き諸悪趣を閉じ、法等中に住して一切法の中に於いて
憶想分別著心取相皆除滅す。但だ諸法の空を見る。空は即ち是れ平等な
りとして、諸法の実相は言葉による表現を超越し、その様相は絶対的平等
であって、ここにおいては主客の対立は解消する。これに対し、日常経験
の世界における諸法は差別的であって、それは凡夫の妄念によって構成さ
れたものであるとしている。

　さらに『大乗起信論』は次のように述べている。

　　　「心真如者即是一法界大總相法門体。所謂心性不生不滅。一切諸
　　　法唯依妄念而有差別。若離心念則無一切境界之相。是故一切法從本
　　　已來、離言説相、離名字相、離心縁相、畢竟平等、無有変異、不可
　　　破壊、唯是一心故名真如。……此真如体無有可遣、以一切法悉皆真
　　　故、亦無可立、以一切法皆同如故。当知一切法不可説不可念故名為
　　　真如[(11)]。」

　現象面では、仮に差別相があるが、真理としては平等だというのが大乗
仏教の思想であるといえる。

2　慈雲尊者の平等観と倫理観

◆■1■慈雲尊者の平等の意味

　豊臣政権時代（1585年－1603年）、「兵農分離によって始まった身分上の区別は、江戸時代になると士・農・工・商の身分制度として確立したが、その原理を成していたのは「役」の観念であった⁽¹²⁾。」「役」とは社会の中で個人が担当する役割と、その役割にともなう責任とを合せたものを意味する。すなわち、天皇は天皇として、武士は武士として、農民は農民として、職人は職人として、町人は町人としてそれぞれの職業や社会的地位に応じ、何らかの「役」もしくは「職分」を負い、それを忠実に果たしてゆくことが、正しい生き方とされていた。そのため、「政治や軍事を職分とする武士に、一般の庶民と異なる特権が与えられていたこと以外には、庶民の中での農・工・商の間に、上下の序列などはなかったとされる。また武士と庶民との間の身分の区別にしても、武士がその身分に相応しくない行動を取った場合、庶民の側からこれを批判することができ、その身分は絶対的なものではなかった⁽¹³⁾。」つまり、いずれの身分もそれぞれの「家業」が異なるだけで、根底においては、人間として平等であるという意識が共有されていた。また、「朱子学の影響と近世社会の平和で安定した秩序を背景に、人々の間には自己の存在の意味についての反省や自覚が広く生じ、人がいかに生きるべきかの原則ないし原理としての「道」の探求が中心的な目標となっていた⁽¹⁴⁾。」とされる。

　慈雲尊者は『十善法語』の中で「三界の当相、とりもなおさず法性の姿じゃ⁽¹⁵⁾。」と述べ、一切のものは本性において平等であるとみなしている。そして、

　　　　「平等と云フことを、山を崩し谷を填みて一様にすることの様に思ふは、愚痴の至りじゃ。窮屈過キたことじゃ⁽¹⁶⁾。」

と述べ、平等とは一様なものだということではないとし、次のように述べている。

> 「差別ない平等は、平等病に取り着れたものどもじや。差別のある場に向て平等なるじや。山は高くして平等じや。海は深くして平等じや。山を崩して谷に埋むるやうな平等では役に立たぬじや[17]。」

つまり、一切の物の差別ある姿がそのまま平等であるとしている。　慈雲尊者はこうした平等観に立って、次のように述べている。

> 「此ノ各々長処ありて、其ノ用むなしからぬ。各々短処ありて、事に触れて滞りあるが、みな世間のあり通りと云フものじや。此ノあり通りが此ノ戒の趣じや。喩へば鳥は空に飛で水に入ることならず。魚は水に游イで陸地に上ることならぬ如くじや。…此ノ身限りあり、其ノ智限りありて、一人衆能を該ヌることならぬ処に、天道人理も備ハることじや。我レ一人の智を以て、衆事を統へらるゝと思ふは、理に昧きことじや。要を取て云ハば、一家の主は、一家の大体を心とすべし。薪水塩酢の営は、奴婢に命じて可なり。一郡一国の主は、一郡一国を我ガ心とすべし。細末の事は、知らざるも可なりじや。一天四海の主は、一天四海を我ガ心とすべし。諸の学才文物等は、其ノ人を用ヒて可なりじや。此レを十善の法と云フ[18]。」

すなわち、一切のものは各々長所と短所があって、上手にできることがあればできないこともある。これが世間のあるがままの姿である。このように、それぞれの能力と智恵に限りがあって一人の人間がすべてをこなすことのできないところに、天道や人理が備わっているのであり、各々の人をそれぞれ用いるべきところに用いることが十善の法であるとしている。

要するに、十善の法とは、人の能力や智恵に限りがあって各々の用いるべきところが異なるという、差別のある現状において、それぞれの人がそれぞれの役割を全うするということであり、これこそが慈雲尊者がいう平等の意なのであると考えられる。

すべてが役割を持っていて、お互いを補うことが平等

　また、次のように述べている。

　　　「真正に此ノ戒を護持する者払出家は出家の有り通りを全クして、
　　　四威儀法に相応すべく、在家は在家のあり通りを全クして、内心法
　　　に随順すべし。在家の中に、尊貴の人は尊貴の有り通り－を全クし
　　　て法に随順すべく、下賎の者は下賎の有リ通りを全クして法に随順
　　　すべし。男子は男子の有り通り、女子は女子の有り通りを全クして
　　　志を立ツべきじや[19]。」

とし、各々の身分のあるがままのあり方を全うすることが法に随順するこ
とであるとして、次のように述べている。

　　　「一切の人事、礼楽刑政も、冠婚喪祭も、士農工商の作業も、武
　　　事文学も、悉く神霊有て存する。此ノ道有て存する。有道の士は、
　　　此ノ事々物々の中に賢聖の楽を待るじや[20]。」

　すなわち、一切のものは差別あるがゆえに平等であると見る慈雲尊者
は、士・農・工・商いずれの身分も職業も、すべて法を得る、賢聖の楽を
得られるものであるとし、身分や職業の間に差別を認めていないと考えら
れる。

◢❷慈雲尊者の因果応報観

　差別あるがゆえに平等であるとする慈雲尊者の平等観は、因果応報の思
想と密接な関係にあると考えられる。

　慈雲尊者は『十善法語』において次のように述べている。

「珠玉の琢磨を待て光彩を発する如く、性戒十善は謹慎護持の中に、人天の楽果乃至無　漏勝妙の果を顕す。日月の光明隔なきも、高山幽谷其ノをり処に随て、分々に其ノ照觸を蒙る如く、此ノ十善法性平等なれども、人々受得する所に適ふて、分に其ノ功徳を得る(21)。」

人は本性において平等でありながら、十善を護持する分に応じてそれぞれ異なる功徳を得るとしている。そして、次のように述べている。

「今人間世界に生れ出テシ自己五尺の色身は、過去世十善の影にて、仏性の一分縁起せる姿じや。先ツ面白きものじや。此レは是レだけの影、是レだけの縁起なるに因て、影が手前分斉にて、一生の寿命も福分も、位も智慧も徳相も、災難も眷属も、定りたるものじや。既に分限定る上は、此ノ影と彼ノ影と相乱ずることはならず。此ノ縁起と彼ノ縁起と各々同ジからず。看よ。親の病あるとき、其ノ子是レに代ることもならず。子に痛ミのあるとき、其ノ親が分ち忍ぶこともならぬ。比ノ処に不偸盗戒があらはるゝじや。福分が彼此定りあるに由て、彼レを減じて此レを増すこともならず。此レを減じて彼と等シくすることもならず。此増減のならぬ場処が仏性のあり姿で、不偸盗戒の縁起じや(22)。」

すなわち、人の寿命や福分、地位、智恵、徳相、災難、眷属はその人に対して生まれながらに定まったものである。そのため自分に定まった分限を増減してはならない。この分限を増減しないというのが仏性のあり方であり、不偸盗戒の縁起であるという。

不偸盗戒：自分にないものを人から盗む

これを根拠として次のように述べている。

> 「君は常に君たり、臣はとこしなへに臣たり、たとひ首に悪瘡ありて足肥白なるも、其ノ位の易へられぬ如く、其ノ君愚昧なるも、臣としては推戴すべし。其ノ臣徳あるも、敢て其ノ位を窺窬すべからず[23]。」

としているように、慈雲尊者は各々の身分はいかなることがあっても変えてはならないと考えている。

このように、人の分限を因果応報の結果として不変のものとみなす慈雲尊者は次のように述べている。

> 「王者は王者の心のあるべく、臣佐は臣佐の心あるべく、士庶人は士庶人の心のあるべきじゃ。王者たる者の、臣佐民庶の念を生ずる。上位の者の、下位の念を生ずる。下位の者の、高貴の念を生ずる。富者の慳吝なる。貧人の奢を好む。当路権勢の士の高逸を好む。隠士の名利に志す類、みな不相応と云フべきじゃ。…—念分を超え食欲に随順すれば、自心に背くじゃ、世間に背くじゃ、人倫に背くじゃ、天道に背くじゃ、法性に背くじゃ。一言半句その分を超ユれば、自心に背く、世間にそむく、人倫にそむく、天道に背く、法性に背く。一行一作其ノ分を超ユれば、自心に背く、世間に背く、人倫に背く、天道に背く、法性に背くじゃ。此を初に慎まねば、後救ふべからざるに至るじゃ。この常を守り分を超エぬことは、至て易き道なれども、其ノ徳は広大なることじゃ。天地の道じゃ、万物の情じゃ、古今不易の大道じゃ[24]。」

人はそれぞれの身分に応じた心を持つべきで、言葉や行動は当然のことで、思念においてさえ少しも自己の分を超えてはならないと戒めている。

以上、慈雲尊者の平等観について考察を行ってきたが、まとめれば慈雲尊者は平等観と因果応報観に基づいて倫理を説き、一切のものの差別ある姿を平等とみなし、一切の身分や職業を同等のものとみなしたと考えられる。しかし一方では、人の身分や職業を固定不変のものと捉え、それぞれの身分や職業に徹底的に従属すべきであるという立場に立っている。慈雲

尊者にみられる平等観と因果応報観は仏教思想によるものであるが、「天道」という言葉をしばしば使っている点から儒教を意識していたことが察せられる。

3慈雲尊者の倫理観

　慈雲尊者の倫理観は「人となる道」という言葉で表されている。「人となる道」は十善の徳目を世俗において実践することを意味するものであり、「佛の出世不出世にかかはらず世間に常に存する(25)。」という道理であり、普遍性を持った規範であるとしている。このような思想的な背景を持った十善戒を「萬國に推通して道とすべき道(26)。」であるという観点から人倫の根本的な法則として広く普及しようとしたと考えられる。慈雲尊者が「人となる道」としての十善戒を説くにあたって特に強調したのは「善」であり、「身三口四意三の理に順ずるを十善業と云フ。理に背くを十不善業と云フ。理に順ずるとは別のことではない。自ら本性の通り少しも増減なきことじゃ。本性に身口意相應すれば十善自ら全きじゃ(27)。」と述べているように「人となる道」としての十善戒を人と本性との関係として把握しようとしたと考えられる。その本性としての「人となる道」について慈雲尊者は次のように述べている。

　　　「菩薩たる人は生れたままにこの性を成ずること水の湿性のごとく火の暖性のごとし(28)。」

として自然の条理であるとみなしたのであった。続けて次のように述べている。

　　　「この人ありてこの道ある。ほかにむかひてもとむることにあらず。この大人ありてこの十善を全くす、今あらたに構造することにあらず人人具足物々自爾。法として如是じゃ(29)。」

　人と道との両者が対して存在し、人が新たに人として踏み行うべき道を歩むことではなく、あくまでも自らのうちに存在する本性としての「善」なる道を自覚するということが「人となる道」であるとしている。

さらに次のように述べている。

　　　「山河大地草木叢林が皆自己の法身を顯はす。山河大地草木叢林
　　　が皆自己の法身 を顯はせば。一切萬法が皆自己の戒法ならぬ物は
　　　ない[30]。」

「人となる道」としての十善戒が本性として人及び山川草木などの万象
に本来、具足するものであるという理由で、成仏の説と考え方を同じにす
るものであった。森羅万象における様々な事象が自然の条理にしたがって
個々の本性を発揮して存在していることに着目したのである。そこで人倫
の問題についても慈雲尊者は、現状の世俗生活の中で自然の本性を発揮し
ている人間の理想像を求めようとしたと考えられる。

3 ホスピタリティにおける平等観と倫理観

◤ **1** ホスピタリティにおける平等観

　ホスピタリティ Hospitalityはもともと、ラテン語の「自分に危害を加えない好ましいよそ者」のhostisと「歓待する者」hospesを語源に持つ言葉とされている。「危害を加える可能性のある者」hostilityに対する「敵対」も同根である。

　Hotelは西欧中世における巡礼の旅の行者に対して困苦の旅先において無料の宿泊施設を教会の一隅に設けたとされる。いわゆる、ローマ帝国の時代に人の移動と共に必然的に拡大していったホテルとレストランそして旅行の分野がホスピタリティ産業である。

　日本においては、平安時代に発生したとされる「布施屋」が存在した。「天平13年山城、摂津に9軒の布施屋が行基（668年－749年）によって建てられた。その当時の税である租、庸、調の他、鉄、塩、アワビ等を収めるために諸国の運脚夫が苦難の旅をするのを見て無料の宿泊施設を設けた[31]。」とされている。行基は中央政府にあって儀式を執り行う僧侶とは異なり、菩薩行を大乗仏教の見地から具体的に実施した。行基は民衆のために土木工事などを通じて行ったところにインドの原始仏教と異なる独自性があると考えられる。伽藍の中で瞑想による悟りとは異なる実践的仏教の具体的な行が日本の思想におけるホスピタリティを形成していると考えられる。

　現代においてホスピタリティ産業の極点に至っているといわれるザ・リッツ・カールトン・ホテル・カンパニーL.L.C.の「ゴールドスタンダード」のクレドには「We Are Ladies and Gentlemen Serving Ladies and Gentlemen[32]」（我々は紳士淑女にお仕えする紳士淑女である）という記載

がある。顧客である権利を乱用し、従業員に対して侮辱的な態度をとる顧客は限界までは譲歩するが、紳士淑女とは認めない。この顧客こそがhostility「危害を加える可能性のある者」であるとして排除している。そうすることにより紳士淑女の顧客からすれば行きやすいホテルになるのである。ザ・リッツ・カールトン・ホテル・カンパニーL.L.C.は「紳士淑女」という基準を持って顧客を差別化することを是としていると考えられる。

　なぜホスピタリティ産業において顧客の差別化が必要となるのかは、ホスピタリティツーリズムとの関係がある。旅に出る理由として東洋大学が2003年に実施した調査結果[33]が存在する。その調査結果は「辛いことがあって自分を見つめ直したい」「逃避したい」「ストレスの解消」「疲労」などが挙げられている。上記のいわゆる心の病もさることながら、実際に肉体的な病いに侵され、その病気平癒を祈念すべく旅にでるということもある。特に湯治、薬師如来や聖者への祈願、巡礼への旅立ちの動機などにこれらがあてはまると考えられる。特に巡礼は古代から旅立ちの大きな動機であったとされる。定住、定着が常態になった現代にあって旅は一種の異常な状況下における決断といえる。そして旅がつくる病気として、ホームシック、放浪性、好奇心、時差ぼけによる低能率性・不眠、母国語外地域における言語障害から起因されるストレスなどが挙げられ、医学の未発達であった往年の旅においては旅人と病人は密接な関係にあった。

　明和8年に起こった大規模な伊勢参宮のおかげ参りの事情を描いた『抜参夢物語』にも「道中筋も病人、死人あるいは狂人、狂気かどわかされなど多し[34]」と記載されている。

　文化7年に江戸から発行された八隅蘆菴による『旅行用人集』「道中用心六十一ヶ条[35]」には「水替用心」「船に酔いたる時の妙方」「道中所持すべき薬の事」などが具体的に記述され、「宿とりて一に方角二雪隠三に戸じまり四には火のもと」に始まる旅行教訓歌22首を添えている。旅人が旅をする場合の心理について相当なプレッシャーがかかっていることを示している。すなわち、「旅する人は病いの恐怖にとらわれやすい」また「旅では人は常に病いまたは死と隣り合わせに住んでいる」といえる。ホスピタリ

ティ産業においてHotelは西欧中世における巡礼の旅の行者に対して困苦の旅先で無料の宿泊施設を提供したことから始まるが、重度の精神疾患、病を持っているものは「危害を加える可能性のある者」hostilityとみなし、客人としてみなさず、Hospice（病院）へと分化していく。

これは、現代の日本でも旅館業法[36]において危害を加える可能性があると指定された疾病患者、反社会的勢力などの人の排除規定が存在する。

ホスピタリティHospitalityはすべてのものを無条件で受け入れるのではなく「自分に危害を加えない好ましいよそ者」のhostisと「歓待する者」hospesを受け入れ、「危害を加える可能性のある者」hostilityに対しては排除し、受け入れの差別化をしていることがわかる。

◢ 2 ホスピタリティにおける倫理観

日本ホスピタリティ・マネジメント学会はホスピタリティの広義の定義を「人間の生命の尊厳を前提とした、個々の共同体もしくは国家の枠を超えた広い社会における相互性の原理と多元的共創の原理からなる社会倫理[37]」としている。その要旨は人間の生命の尊厳を前提とし、個々の共同体もしくは国家の枠を超えた広い社会における、相互容認、相互理解、相互確立、相互信頼、相互扶助、相互依存、相互創造、相互発展の八つの相互性に基づいた相関関係を築くための原理と、多くの異質な要素が複雑に関係する中で多元的相関関係を築き、相互作用・相互補完・相互連携しあうことで最適な環境を創出し、人間が人間であるゆえの価値観を高めるために、人間同士の関係によるシナジー効果によって生まれる価値により、調和しながら互いに進化しあうこと、またその持続した進化するための原理から成る「社会倫理」であるとしている。

ここでは、広義のホスピタリティを考える上でアカロフ（1940年−）が定式化した他者の行動が自己の効用に影響を与えるという主張を検討しなければならない。アカロフは「効用関数内の変数に自己の行動そのものが生み出す効用と、他者の行動も自己の効用に影響を与えるものとした。さ

らに効用関数内には社会的規範という社会における望ましいとされる行動をとることによって得る効用も変数として取り入れた[38]」。アカロフは、個人の特性によって記述される効用と社会的文脈に依存する効用を足してその合計値を最大化するように人は振る舞うと仮定し、アイデンティティ経済学のフレームワークは以下のようなプロセスを経るとした。

「社会的カテゴリー→規範・理想→行動＝アイデンティティ効用の損益[39]」

（1）キリスト教徒→クリスチャンはかくあるべし→合致した行動＝アイデンティティ効用プラス

（2）キリスト教徒→クリスチャンはかくあるべし→逸脱した行動＝アイデンティティ効用マイナス

上記の（1）と（2）は、定式化した規範と個人がとっている行動に効用の乖離（かいり）が見られる。アイデンティティ効用をプラスにするには、自分自身が規範で期待される行動をとることによって得られるとされる。社会規範は社会倫理と結び付くものであり、社会倫理から逸脱した行動をとる人々はアイデンティティ効用を得ることはできないとされる。このことから、ホスピタリティは社会倫理に即した行動をとることによりアイデンティティ効用をプラスにすることを目指しているものと考えられる。

そして、日本ホスピタリティ・マネジメント学会はホスピタリティの狭義の定義を「ホストとゲストが対等となるにふさわしい相関関係を築くための人倫[40]」としている。「対等となるにふさわしい」の意義について、「双方の間に優劣・高下がなく、その場の相互間に生じる各種の影響などが穏やかで、物事のそうあるべき道筋に当てはまっていることを指す」としている。つまり、お互いが自然に変化していき、お互いの関係が完成された姿を表す状況を指す。双方がバランスのとれた物事の考え方や捉え方ができることや、双方の間に釣り合いが取れていることも含まれる。相互とはどちらからも同じような働きかけがあることに加え、言動の統一性などを意味する。

　この場合、対等となるにふさわしい相関関係が築けない相手に関しては
ホスピタリティの適用外とされる。例えば義務教育における児童と教諭の
間においては優劣・高低があるべきであり、これを前提として人倫の教育
が成立する。

　このように、ホスピタリティはすべての対象を平等とみなすのではなく
「危害を加えない価値観の異なる他者を積極的に歓迎すること」であり、
その上で他者のための行為を自らが考え実行することであるといえる。ホ
スピタリティにおいて重要な部分は、大乗仏教の思想、慈雲尊者の思想と
同様に、すべての他者を平等として無条件に受け入れるわけではないとい
うことである。

4 慈雲尊者の思想とホスピタリティとの関係性

▶ 1 江戸時代の仏教界と近代産業界との同時代性

　慈雲尊者の「釈尊回帰」を目指した戒律復興の精神は、単なる懐古現象ではないと考える。それを正しく理解するためには当時の時代背景、社会基盤を見落としてはならない。その頃の状況については第2章において詳しく述べたが、仏教が堕落し幕府の宗教統制は厳しく、寛政11年（1799年）幕府は破戒不如法の僧を取り締まり、厳罰に処している。そして、田沼時代は公然と賄賂が行われ、いわゆる賄賂政治といわれたほどであった。天明3年（1783年）に浅間山噴火[41]。そして天明の大飢饉[42]は奥羽地方に多数の飢餓者を出した。全国的な一揆、打ちこわしは諸藩、幕府の統制力の弱体化による。その結果、全国的に道義が退廃しきった時代だった。第二次大戦後、約70年が過ぎた日本の産業界の今日的状況は犯罪、自然災害共に規模の大小はあるが、世相は江戸時代と同様な体を成していると考えられる。

　政界における汚職、国民の意思と反した法案強行採決、公文書の隠蔽、産業界における男女間格差、談合、粉飾決済、個人情報漏洩、偽装、ハラスメントなどの度重なる不祥事、高齢者を狙った詐欺商法と枚挙にいとまがない。阪神・淡路大震災、東日本大震災、熊本地震と天災が相次ぎ、復興、救済という名目において災害を利用した便乗商売や弱者を対象とした詐欺までもが横行している。さらには、虐待、殺人にまで至る。これらは人として善と悪の区別がつかなくなり「人となる道」から乖離している実態が存在すると考えられる。発生の根底にあるものは人倫の欠如であり、公人、組織人、一般人と立場は違うものの人としての善を見失っていることに原因が存在する。「人となる道」こそが、時代の混迷、社会道義の崩

壊、人心の不安と混乱に対して歴史的社会的に極めて鋭い警鐘を鳴らすものという感じを禁じ得ない。そして慈雲尊者の十善とその実践は現代の我々にとって限りなく重い意味を持っていると考える。

◢▶ **2** 現代における慈雲尊者の思想の意義

　『十善法語』『人となる道』がこれほどに時代を経て、人々に訴える理由はその普遍性にあると考えられる。両編に共通していえることは人身の生きる上での倫理・道徳といったものはいつの時代にも基本的には変わらないものであることを述べている点である。この十善戒の普遍性に慈雲尊者が着目した理由は、やはり慈雲尊者の仏教、儒教、神道、梵語などにわたる広範囲の学問の視点があったからであることは第3章において述べたとおりである。概して、僧侶の教化は自宗の教化にこだわる傾向が多いが、仏教本来の教化は釈尊の人間の本質に対する普遍的なものへの洞察から始まったものであり、2500年の長きにわたり釈尊の教えが支えられている理由であることに異議はないと思われる。『阿含経』にしても、『スッタニパータ』にしても、その他感銘深い経典類の内容には、科学主義の時代の我々をして、十分に感動させ説得し得るものが散々されている。それらの真理を、現実世界に照らし合わせ大衆に提示することに教化の意義はあると考えられる。慈雲尊者の教化はそのことを現代の我々に訴えていると考えられる。『十善法語』は題名の通り、十善戒を解説したものであるが、この中で説かれている内容はその一つひとつの戒を通じて、人間の存在そのものを問うことと、人として生きることの根本を考えることがテーマとなっていると考える。

　私たちがこの世界に誕生し死を迎えるまでに、現世を注意深く観察して、思惟し、心を深め、自己の何たるかを明確にするということが仏道においては一生の課題としている。そしてこの世界には動かしがたい道理があり、その道理にしたがってすべては展開し、自己は本来その道理と一体のもので、その本性が平等であることを仏道の法は示している。しかしこ

の事実を如実に知り得ることは、日々精進し続ける修行者でさえも容易には明らかに成しがたいことで、仏菩薩の導きなしには成就することはないといってもよいであろう。そのために世界の道理を説き出したのが『十善法語』であり、これについては、『不殺生戒記』に「この十善は慈雲尊者の説にあらず。諸仏賢聖より相承を述ぶるのみ。」とあり、慈雲尊者が私意を混ぜず説き出されたものであることを知ることができる。

　『十善法語』の内容を正しく理解するために、仏道が本来何を伝えようとしているのかということ、それに加えて、慈雲尊者が十善に託された趣旨を正しく認識しなければならない。なぜなら、この『十善法語』が因果説を主張したものにすぎないとし、または一般の人には関わりのない仏教の戒律の解説書であると受け取られかねないからである。慈雲尊者は冒頭に、「この十善は甚深なること、広大なることじゃ」と述べ、また、この世界全体（人間以外の世界も含む）の真実の姿を「知らぬ者が知らぬばかりじゃ」ともある。この慈雲尊者の言葉の背景には我々の想像を超えた深意があるとともに、現代の産業界にも通じる意を含んでいると考えられる。殊更に『人となる道』を仮名文字で書き、講演という形で説かれた理由も衆生に対してのメッセージであると考えられる。

　慈雲尊者が十善を通して明らかにしているのは、この世界の真実の有様であって、それは、『十善法語』「第十二不邪見戒之下」に「正法の東流せぬ已前も、道はかくれぬじゃ。仏出世にもあれ、仏未出世にもあれ、蔽ふて蔽はれぬじゃ」とあるように、仏道が説き示す真実とは、仏がこの世に出られる以前から存在する道を示したものであるという認識は最も大切なことである。慈雲尊者が意図したものは「十善戒」の実践によって宗派的教義を超えた仏教の普遍的な意義を民衆に与えることであったといえる。すなわち、「人の人たる道は此十善にあるぞ。人たる道を全うして。賢聖の地位にも至るべく。高くは仏果をも期すべきことなり。」『十善法語』とあるように「十善戒」は人として真に道徳的足らしめる実践理論としての意味を持つと考えられる。したがって慈雲尊者は仏性や成仏などの言葉を一切用いず「只人の人となることじゃ、此人の此の世に在る」とのみ説き仏

教の在家性を強調し、「十善戒」が仏教の原理であるとともに人の生きる
原理でもあり、戒の実践においては人としての善さを発揮できるとしたの
である。しかも戒は自然法爾の立場から特別な超人的な努力を必要とする
のではなく、人間本来に備わっている自然の本性を基礎としてこれを戒律
に沿って伸長させればよいのであった。このように慈雲尊者は戒律主義と
はいえ、民衆強化にあたって、民衆の自発性を喚起する方法を模索し、僧
侶のみならず民衆に対しても確固たる安心と世俗倫理の規範を教示した。
現代の人間に最も必要とされる『人としての道』の根幹となる教えが、こ
の『十善法語』によって今日まで伝承されているのは幸いなことといえる。
この宝を埋もれたままにしないために、また、仏道の存在意義を再認識す
るためにも、現代に適用させていくことが重要となると考える。

❸ 現代産業界における宗教観

　『人となる道』の根幹となる『十善法語』を現代に適応させ人の人として
の心を取り戻していくことは現代社会において必要なことであるが、現代
の産業界は宗教的な思想を受け入れることに拒否反応を示す場合が非常に
多い。『人となる道』は宗教的教義を超えた世界真実の有様であるにも関
わらず、慈雲尊者という僧名を前面に打ち出すとそれが宗教として認識さ
れ、産業界からの反発は避けられない環境にある。

　しかし、日本は世界の宗教の地理的分布上の分類では通常、仏教国とさ
れている。例えばハウスホーファーによる地図では、日本は、「民族宗教
を覆う仏教徒の国[43]」、アーノルド・トインビーによる地図では「大乗仏
教の国[44]」、高校用教科書『詳説・新地理B』におけるアレクサンダー世界
地図帳では「大乗仏教（神道を含む）の国[45]」である。そしてそれらはおお
むね妥当と考えられるが実態はこれに即してはいない。

　さらに、文化庁の『宗教年鑑平成三十年版』によれば「平成三十年末現在
で包括宗教法人が476法人、単位宗教法人が180,853法人。総宗教人口は
（重層信仰または二重所属、教団による計算法の違いなどの理由で）日本

国民人口を約6,000万人以上上回る約1億8,000万人⁽⁴⁶⁾」も存在するにもかかわらず日本人には無宗教と自称する者が圧倒的に多い。ただし無宗教といっても、特定の宗教に帰依または帰属してはいないという意味である場合がある。また日本では、信仰を持っている人を非理性的あるいは稚拙者と見る知識人が多いことからそう見られないために無宗教を装う者も存在し、日本の知識人には非宗教の人が多く存在するのが実態である。

　その理由として、歴史的に見れば、「徳川幕府による寺院法度の発布と檀家制度の確立で仏教は葬式仏教となって形骸化し、堕落し自分がどの宗教を信じているかという認識や自負がすっかり喪失したこと⁽⁴⁷⁾。」「維新後は国家神道を成立させるため、神仏分離令で国民に根付いていた神仏習合を廃止し、その影響としての廃仏毀釈、およびとりわけ敗戦に至るまでの国家神道の押し付けにより日本人の信仰・宗教心に「後遺症」を起したこと⁽⁴⁸⁾。」と考えられる。

　また、敗戦によって、連合国軍総司令部（GHQ）のいわゆる『神道指令⁽⁴⁹⁾』で神道一般、さらには宗教一般が権威を失ったことが挙げられる。新憲法が保証する信教の自由は、特定の信仰を強要されない自由というよりは、なにを信じても信じなくとも自由だということに力点をおいて受けとられるようになったと思われる。日本国憲法第20条には、「信教の自由は、何

世界の宗教の地理的分布

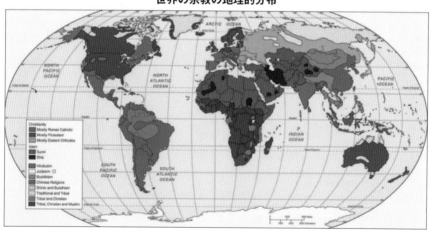

人に対してもこれを保障する。いかなる宗教団体も、国から特権を受け、又は政治上の権力を行使してはならない」とあり、米国同様（憲法の補正第１条の主旨）政教分離を謳っている。しかし米国の場合は、宗教は各人に不可欠であるから何を信じるかは尊重すべきとの趣旨であるが、日本の場合は政治の安定、治安の維持、科学や技術、さらには社会保障または福祉制度が発達した今日、宗教は信じなくてもよいという軽視または無関心の様相が感じられる。日本国民は政教分離の原則をあまりにも忠実に、規定通りに守ろうとしてきたために、いつのまにか宗教に対する軽侮（けいぶ）の念を養い育ててきたと考えられる。

　さらに、戦後における宗教の自由化は、宗教法人の非課税制とあいまって、多数の宗教団体を輩出させた。そしてその中には、信徒に対する過度のマインド・コントロールあるいは退出時の脅迫的阻止、さらには宗教の仮面をかぶって信徒の資産の収奪（しゅうだつ）を謀（たばか）るものすらあり恐怖や不安を広めた。このような状況も宗教に対する拒否観を生み出し、現代社会において、さらに産業界において正面から宗教を受け入れることを拒絶しているものと考えられる。

◢▶❹慈雲尊者の思想とホスピタリティとの接点

　上記のような状況で、慈雲尊者の思想が「人の生きる道」としての「倫理・道徳」であったとしても、宗教的な側面が垣間見られる要素があると誤認され、そのまま産業界に浸透させることは困難の極みであると考える。現代の産業界は東洋思想よりもテーラー、ドラッガー、ポーター、ケインズなどの西洋思想は無条件に受け入れる思考がある。しかし、慈雲尊者の思想をホスピタリティに置き換えることにより、この懸念は一掃されることが予測できる。慈雲尊者の思想とホスピタリティは同意であり融合できるものである。江戸期の仏教界と現代の産業界の実態が同様なものとして仮説を立てた場合、江戸期は慈雲尊者の思想によっての社会の教化の方向性を見たといえる。現代はホスピタリティ精神によってソリューショ

ンの方向性を見いだせるのではないかと考える。今の産業界は当面の利益確保が命題となり、犯罪を誘発しやすく、不祥事が発生した場合でも組織が共同体化し会社の維持、存続を強く志向する。日本人にとって社会的正義の絶対的な基準が存在せずに、「正しさ」は常に状況対応的である。組織人の「人として」の行動のあり方が求められる。組織の問題は組織が起こすものではなく、そこに介在する「人」が起こすものであり個々の「人」の認知変容と行動変容が発生しなければ組織、産業界、社会は変化を遂げない。慈雲尊者の思想とホスピタリティ精神は個々人の人としてのありように焦点をあて善と悪、世界の真実、世界の道理を示したものであり、人としての心を取り戻すことにより衆生の救済、市場への貢献ができるものである。慈雲尊者の思想とホスピタリティの基盤には共通する「人倫」「社会倫理」が存在し、全体の型が形成されていると考える。

　自らの心に背かないことが善いことであり「戒」である。それゆえに「戒」は菩薩の心であり、その素直な心は人の人としての生活道場そのものである。尊者は「直心是道場(50)」と解りやすい言葉で仏法を説かれたが同様のことをホスピタリティも提示しているのである。

図表4-6　まとめ

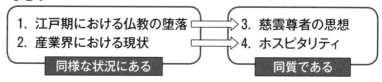

産業界での諸問題（現代人の問題）は慈雲尊者の思想と同質のホスピタリティによって解決が見いだせるのではないか。

　慈雲尊者の思想とホスピタリティの基盤には共通する「平等性」「人倫」「社会倫理」が存在し、全体の型が形成されていると考える。慈雲尊者の思想はホスピタリティ精神と近似しており、人としての心を取り戻すことにより衆生の救済、組織の健全化、市場への貢献ができるのである。慈雲尊者の思想を基礎にホスピタリティの真の意味を理解し、人としての精神を明らかにし、実践することが現代の産業界にとって必要なことであると考える。

第4章 ここまでのまとめ

1. すべてのものはなくなることもなく、生まれることもない。

2. 人の能力や智恵に限りがあって各々の用いるべきところが異なるという、差別のある現状において、それぞれの人がそれぞれの役割を全うすることが慈雲尊者がいう平等の意であると考えられる。

3. 人は本性において平等でありながら、十善を護持する分に応じてそれぞれ異なる功徳を得るとしている。

4. 慈雲尊者は平等観と因果応報観に基づいて倫理を説き、一切のものの差別ある姿を平等とみなし、一切の身分や職業を同等のものとみなした。

5. しかし一方では、人の身分や職業を固定不変のものと捉え、それぞれの身分や職業に徹底的に従属すべきであるという立場に立っている。

6. 慈雲尊者の倫理観は「人となる道」という言葉で表されている。

7. ホスピタリティはすべての対象を平等とみなすのではなく「危害を加えない価値観の異なる他者を積極的に歓迎すること」である。

8. 現代の人間に最も必要とされる『人としての道』の根幹となる教えが、『十善法語』によって今日まで伝承されている。

9. マインド・コントロールあるいは信徒の資産の搾取をする新宗教もあり、日本は現代社会において、そして産業界においては正面から宗教を受け入れることを拒絶している。

10. 慈雲尊者の思想とホスピタリティの基盤には共通する「平等性」「人倫」「社会倫理」が存在し、全体の型が形成されている。

▶第4章　参考文献

（1）中村元・三枝充悳『バウッダ仏教』　小学館、1987年、p.156

（2）羽矢辰夫『ゴーダマ・ブッダ』　春秋社、2009年、p.186

（3）前谷彰『ブッダのおしえ』　講談社、2016年、p.70

（4）前谷前掲（3）、p.72

（5）『大智度論』T1509.25.0256c16

（6）『大智度論』T1509.25.0208c9-11

（7）『大智度論』T1509.25, 209a7, 257b26, 417b21

（8）『大般若経』T0220.07.0942b10-17

（9）『大方廣佛華嚴經』T0279.10.0193c10-14

（10）『大智度論』T1509_.25.0751b23- b27

（11）『大乗起信論』T1666_.32.0576a08-a18

（12）尾藤正英『徳川時代の社会と政治思想の特質』　東京堂出版、2000年、p.64

（13）深谷克己/堀新編『展望日本歴史13近世国家』　岩波書店、1981年、p.66

（14）尾藤正英、『江戸時代とはなにか』　岩波書店、1992年、p.27、p.161

（15）飲光前掲11巻、p.13　飲光著、長谷宝秀編『慈雲尊者全集』

（16）飲光前掲（15）7巻、p.83

（17）飲光前掲（15）7巻、p.85

（18）飲光前掲（15）11巻、pp.258-259

（19）飲光前掲（15）11巻、pp.146-147

（20）飲光前掲（15）11巻、pp.432-433

（21）飲光前掲（15）11巻、p.6

（22）飲光前掲（15）11巻、p.72

（23）飲光前掲（15）11巻、p.81

（24）飲光前掲（15）11巻、pp.289-293

（25）飲光前掲（15）12巻、p.24

（26）飲光前掲（15）2巻、p.56

（27）飲光前掲（15）11巻、p.4

（28）飲光前掲（15）11巻、p.41

（29）飲光前掲（15）11巻、p.5

（30）飲光前掲（15）14巻、p.564

（31）長部日出雄『仏教と資本主義』新潮新書、2004年、p.56

（32）ザ・リッツ・カールトン・ホテル・カンパニーL.L.C.の「ゴールドスタンダード」

（33）東洋大学福岡短期大学国際文化学科2003年調査「人はなぜ旅にでるのだろうか」

（34）西垣晴次『お伊勢参り』　岩波新書、1983年、p.203

（35）八隅蘆菴『生活の古典双書3』　八坂書店、1972年、p.172

（36）旅館業法第5条（昭和23年7月12日法律第138号）

　　　第五条　営業者は、左の各号の一に該当する場合を除いては、宿泊を拒んではならない。

　　　一　宿泊しようとする者が伝染性の疾病にかかっていると明らかに認められるとき。

　　　二　宿泊しようとする者がとばく、その他の違法行為又は風紀を乱す行為をする虞が
　　　　　あると認められるとき。

　　　三　宿泊施設に余裕がないときその他都道府県が条例で定める事由があるとき。

(37) 日本ホスピタリティ・マネジメント学会HPより

(38) Akerlof,G.A.and Kranton,R.E.(2000) "Economics and Identity,Quarterly Journal of Economics.vol.115" pp.715-753

(39) まず個人を特定の社会的カテゴリーにあてはめる。第二に、そのカテゴリーでその時点に用いられている規範を特定する。そして、そのアイデンティと対応する規範の下で、各種の意思決定から生じる個別の利得や損失を検討する。こうした利得と損失を、標準的経済分析の考察と組み合わせることで、人がどう行動するかが決まる。（ジョージ・A・アカロフ、レイチェル・E・クラントン『アイデンティティ経済学』東洋経済新報社、2011年、p.21）。

(40) 日本ホスピタリティ・マネジメント学会HPより

(41) 天明 3 年（1783年）、4 月から 7 月初旬（旧暦）まで断続的に活動を続けていた浅間山は、7 月 8 日（旧暦）に大噴火を起こした。このとき発生した火砕流に嬬恋村（旧鎌原村）では一村152戸が飲み込まれ483名が死亡したほか、群馬県下で1,400名を超す犠牲者を出した。天明 3 年の浅間山噴火は直後に吾妻川水害を発生させ、さらには 3 年後の天明 6 年に利根川流域全体に洪水を引き起こした（国土交通省関東地方整備局　利根川水系砂防事務所「過去の災害情報」）。

(42) 浅間山の噴火により日射量低下による更なる冷害をももたらすこととなり、農作物には壊滅的な被害が生じた。このため、翌年から深刻な飢饉状態となった。被害は特に陸奥で酷く、弘前藩（津軽藩）の例をとれば死者が十数万人に達したとも伝えられており、逃散した者も含めると藩の人口の半数近くを失う状況になった。飢餓とともに疫病も流行し、全国的には1780年から86年の間に92万人余りの人口減を招いたとされる（佐藤信・五味文彦『詳説日本史研究』　山川出版、2008年社、p.289）。

(43) シュヴィント・マルティン、徳久球雄・吉田国臣訳『宗教の空間構造』　大明堂、1978年、p.29図Ⅱ-1

(44) 自由国民社編『世界の宗教と経典』　自由国民社、1996年、裏表紙内側

(45) 山本正三、正井泰夫『詳説・新地理B』初版・第 3 刷、二宮書店、1996年、p.60図 6

(46) 文化庁編『宗教年鑑平成30年版』　文化庁、2018年、p.1、p.35

(47) 瓜生中、渋谷申博『日本宗教のすべて』　日本文芸社1996年、p.16

(48) 宮田登『日本の宗教とアメリカ研究』　1992年、p.118

(49) 「本指令ノ目的ハ、宗教ヲ國家ヨリ分離シ、宗教ヲ政治目的ニ悪用スルコトヲ防止シ、一切ノ宗教、信仰及ビ信條ヲ完全ニ同一ナル法的基礎ノ上ニ立タシメ、以テ正確ニ同一ノ機會ト保護ヲ受ケセシメントスルニアリ。本指令ハ神道ノミナラズ一切ノ宗教、信仰、宗派、信條、又ハ哲理ノ信奉者ニ對シ、政府ト連結スルコト、軍国主義並ミニ超国家主義的観念ノ宣博ト弘布ヲ禁止ス。」「國家神道ニ對スル政府ノ保障、支援、保全、監督及弘布ノ廃止ニ関スル覚書」（『日本管理法令研究』第 1 巻第 6 号、大雅堂、1946年、 p.29）

(50) 「我問道場者何所是　答曰　直心是道場無虚假故」『維摩経』菩薩品第四　光厳童子

第5章

福祉施設等従事者による
虐待防止と権利擁護

　　ホスピタリティ産業といえる福祉施設において虐待が増加傾向にある。その要因として、従事者としての人間性、支援スキルの脆弱性に伴い、虐待の本質を従事者が理解していないことと、虐待は利用者の問題行動に起因している（他責）という認識が強く、従事者による虐待が、利用者の問題行動として責任を転嫁されてしまうことが挙げられる。

　　これらは通常、悪意を持って行われる場合は少なく、人間らしさの希薄により行われる場合が多い。「正しさ」は常に状況対応的であり、その結果、支援の延長線上として普通に虐待が行われる。これらは外因的な制度や仕組み、採用難などに問題を転移し、内因的な支援者の意識やマインドとして施設内部から問題を捉え改善しようとする視点と方策が見いだせていないものと考えられる。

　　まさに福祉施設においてはホスピタリティにおける人としての生き方、人倫が求められるものであるといえる。

1 障害福祉施設従事者等による障害者虐待の実態

▶ 1 厚生労働省による状況調査

　「無償の愛」がホスピタリティの根源とした場合、これを実践しているホスピタリティ産業の雄は福祉施設であるといえる。しかし、利用者の虐待、成年後見人による財産管理トラブルなどの不祥事が多発している実態が存在する。

　特に、障害者に対する虐待は福祉施設の従事者や就労先の経営者から暴行を受けたり賃金が支払われなかったりすることから起きる、一方養護者（家族・親族・同居人）による虐待も頻発している。これら弱者に対する虐待行為は相手の人としての価値を肯定していないこと、福祉に従事している者にホスピタリティ精神が存在しないところに問題があると考えられる。

　「障害者虐待の防止、障害者の養護者に対する支援等に関する法律」（障害者虐待防止法）は第1条において「この法律は、障害者に対する虐待が障害者の尊厳を害するものであり、障害者の自立及び社会参加にとって障害者に対する虐待を防止することが極めて重要であること等に鑑み」障害者の権利利益の擁護に資するために以下の内容を定めている。

　①障害者に対する虐待の禁止

　②障害者虐待の予防及び早期発見

　③虐待防止のための国等の責務

　④障害者虐待を受けた障害者に対する保護及び自立支援のための措置

　⑤養護者に対する支援

　⑥虐待防止、養護者の支援等に関する施策の促進

　そして、第2条において障害者虐待について定義している。

　①養護者による障害者虐待

　②障害者福祉施設従事者等による障害者虐待

③使用者（障害者が勤務する組織）による障害者虐待

厚生労働省では、『平成29年度都道府県・市区町村における障害者虐待事例への対応等に関する状況[1]』について調査を実施した。これは、障害者虐待防止法（平成24年10月１日施行）に基づく各都道府県等の対応等に関する全国的な状況を毎年度明らかにするものである。

以下は各都道府県・市区町村に存在する「都道府県障害者権利擁護センター」や「市町村障害者虐待防止センター」など障害者虐待に関する通報や、虐待を受けた本人からの届け出窓口の集計である。

＊「養護者」とは障害者の家族または親族、「使用者」とは障害者が勤務する組織を指す。

図表5-1 **平成29年度都道府県・市区町村における障害者虐待事例への対応等に関する状況等調査結果**[1]

	養護者による障害者虐待	障害者福祉施設従事者等による障害者虐待	使用者による障害者虐待（就労先企業）
市区町村等への相談・通報件数	4,649件 (4,606件)	2,374件 (2,115件)	691件 (745件)
市区町村等による虐待判断件数	1,557件 (1,538件)	464件 (401件)	597件 (581件)
被虐待者数	1,570人 (1,554人)	666人 (672人)	1,308人 (972人)

(注１)上記は、平成29年４月１日から平成30年３月31日までに虐待と判断された事例を集計したもの
(注２)（ ）内は平成28年度の数値

図表5-2 **相談・通報・届け出者**[2]

通報・相談2,374件（複数回答、合計2,586件）				
	本人による届出	家族・親族	近隣住民・知人	民生委員	医療機関関係者
件数	478	307	90	0	28
構成割合	20.1%	12.9%	3.8%	0.0%	1.2%
	教職員	相談支援専門員	他の施設・事業所の職員	当該施設・事業所職員	当該施設・事業所元職員
件数	4	196	120	433	107
構成割合	0.2%	8.3%	5.1%	18.2%	4.5%
	当該施設・事業所設置者・管理者	当該施設事業所利用者	当該施設・事業所で受け入れ実習生	当該市町村行政職員	警察
件数	271	41	3	98	46
構成割合	11.4%	1.7%	0.1%	4.1%	1.9%
	運営適正化委員会	居住サービス事業等従事者等	青年後見人等	その他	不明（匿名を含む）
件数	6	4	9	177	168
構成割合	0.3%	0.2%	0.4%	7.5%	7.1%

これら厚生労働省の公表データから以下のような実態が想定される。

- 市区町村への相談・通報は全福祉施設数の1％にすぎず、その水面下ではより多くの虐待案件、または虐待に発展する要素が潜んでいると考えられる。
- 障害者福祉施設従事者等職員による障害者虐待の相談・通報件数は、平成28年度から12％増加（2,115件→2,374件）。判断件数については16％増加（401件→464件）している。
- 相談、通報件数に対する虐待の判断件数の割合は、ほぼ横ばい（平成28年度19％（401/2,115）、平成29年度20％（464/2,374））。
- 相談、通報者の種別では、本人による届出が20％と最も多い。次いで、当該施設・事業所職員からが18％、当該施設事業所設置者・管理者からが11％となっている。

当該施設事業所職員からの通報の内訳は施設内の管理者等に相談しても一向に聞き入れてくれない、改善されないという現状からの通報が多い。

当該施設事業所設置者、管理者からの通報は、通報というよりも報告の場合が多いと考えられる。施設内で虐待が認められた場合は他者からの通報よりも前に、自主的に自治体に対して報告するという姿勢があると考えられる。

◤2 市町村による状況調査

図表5-3　市区町村における事実確認の状況[3]

	件数	構成割合
事実確認調査を行った事例	1,952	81.5%
虐待の事実が認められた事例	502	(25.7%)
虐待の事実が認められなかった事例	862	(44.2%)
虐待の事実の判断に至らなかった事例	588	(30.1%)
事実確認調査を行っていない事例	442	18.5%
相談・通報・届出を受理した段階で、明らかに虐待ではなく事実確認調査不要と判断した事例	218	(49.3%)
後日、事実確認調査を予定している、または事実確認調査の要否を検討中の事例（確認中を含む）	93	(21.0%)
都道府県へ事実確認調査を依頼	12	(2.7%)
その他	119	(26.9%)
合　計	2,394	100%

(注) 構成割合は、相談・通報件数(市区町村が直接受け付けた件数2,050件、都道府県から市区町村へ連絡された件数283件(同一事例で複数の市区町村に連絡された事例件数を含む)、昨年度、市区町村において検討中だった事例61件)の合計2,394件に対するもの

- 市区町村における事実確認の対応状況を見ると、市区町村において受け付けた相談・通報2,050件、都道府県から連絡のあった283件及び、昨年度調査において相談、通報、届出を受理し、後日、事実確認調査を予定またはその要否を検討中の事例61件の計2,394件うち、「事実確認調査を行った」が1,952件（81.5％）であった。
- 市区町村において事実確認調査を行った事例のうち、「虐待の事実が認められた事例」は502件（25.7％）である。また、市区町村において「虐待の事実が認められなかった事例」が862件（44.2％）であった。
- 事実確認を行っていない事例の内訳は、「相談、通報、届出を受理した段階で、明らかに虐待ではなく、事実確認不要と判断した事例」が218件（49.3％）、「後日、事実確認調査を予定している、または事実確認調査の要否を検討中の事例」が93件（21.0％）であった。
- いわゆる、通報案件の25％は虐待が認められたということになる。

　さらに、虐待の事実が認められた事例を対象に、施設・事業所の種別、虐待行為の類型、虐待を受けた障害者及び虐待を行った障害者福祉施設従事者等の状況等について集計を行った結果は次の通りである。

３ 障害者福祉施設従事者等による障害者虐待

図表 5 - 4　障害者福祉施設従事者等による障害者虐待が認められた事業所種別 [4]

	件数	構成割合		件数	構成割合
障害者支援施設	116	25.0%	就労継続支援B型	43	9.3%
居宅介護	14	3.0%	共同生活援助	87	18.8%
重度訪問介護	6	1.3%	一般相談支援事業所及び特定相談支援事業所	0	0.0%
同行援護	0	0.0%	移動支援事業	3	0.6%
行動援護	0	0.0%	地域活動支援センターを経営する事業	7	1.5%
療養介護	17	3.7%	福祉ホームを経営する事業	0	0.0%
生活介護	54	11.6%	児童発達支援	2	0.4%
短期入所	14	3.0%	医療型児童発達支援	0	0.0%
重度障害者等包括支援	0	0.0%	放課後等デイサービス	57	12.3%
自立訓練	4	0.9%	保育所等訪問支援	0	0.0%
就労移行支援	7	1.5%	児童相談支援事業	0	0.0%
就労継続支援A型	33	7.1%	合計	464	100.0%

（注1）構成割合は、障害者福祉施設従事者等による虐待が認定された事例件数464件に対するもの
（注2）「障害者支援施設」には、「独立行政法人のぞみの園」を含む

図表5-5　虐待行為の類型 [5]（複数回答）

	身体的虐待	性的虐待	心理的虐待	放棄・放置	経済的虐待	合計
件数	262	66	196	32	27	583
構成割合	56.5%	14.2%	42.2%	6.9%	5.8%	

(注)構成割合は、虐待判断事例数464件に対するもの

図表5-6　被虐待障害者の障害種別 [6]（複数回答）

	身体障害	知的障害	精神障害	発達障害	難病等	不明	合計
人数	148	473	111	34	8	10	784
構成割合	22.2%	71.0%	16.7%	5.1%	1.2%	1.5%	ー

(注)重複障害もあり。構成割合は、特定された被虐待者666人に対するもの

　障害者福祉施設従事者等による障害者虐待とは、障害者福祉施設従事者等が行う次のいずれかに該当する行為とされている。

①身体的虐待：障害者の身体に外傷が生じ、若しくは生じるおそれのある暴行を加え、または正当な理由なく障害者の身体を拘束すること

②性 的 虐 待：障害者にわいせつな行為をすることまたは障害者をしてわいせつな行為をさせること

③心理的虐待：障害者に対する著しい暴言または著しく拒絶的な対応または不当な差別的言動、その他の障害者に著しい心理的外傷を与える言動を行うこと

④放棄・放置：（ネグレクト）障害者を衰弱させるような著しい減食または長時間の放置、他の利用者による①から③までに掲げる行為と同様の行為の放置、その他の障害者を養護すべき職務上の義務を著しく怠ること

⑤経済的虐待：障害者の財産を不当に処分すること。その他障害者から不当に財産上の利益を得ること

　以上の資料を見て以下のことがわかる。

- 虐待の多くは障害者支援施設と共同生活援助施設（グループホーム）で行われており、虐待行為の類型は、「身体的虐待」が56.5%と最も多く、次いで「心理的虐待」が42.2%であった。なお、「身体的虐待」のうち身体拘束を含むものは28件であった。
- さらに被虐待者の障害種別では、「知的障害」が71.0%と最も多いことがわかる。

　いわゆる、生まれながらに知的な障害を抱えた相手に対して外傷が残る暴行（打撲傷、骨折、刺し傷、火傷（やけど）等）、生命に危険のある暴行（首絞め、溺れ、逆さ吊（つ）り、毒物飲、監禁等）など、虐待においては弱者に向けた古典的な方法がいまだ行われていることがわかる。

図表5-7　虐待を行った障害者福祉施設従事者等の性別[7]

	男性	女性	合計
人数	376	142	518
構成割合	72.6%	27.4%	100.0%

図表5-8　虐待を行った障害者福祉施設従事者等の年齢[8]

	～29歳	30～39歳	40～49歳	50～59歳	60歳以上	不明	合計
人数	60	81	99	82	69	127	518
構成割合	11.6%	15.6%	19.1%	15.8%	13.3%	24.5%	100.0%

図表5-9　虐待を行った障害者施設従事者の雇用形態[9]

	正規職員	非正規職員	不明	合計
件数	278	72	168	518
構成割合	53.7%	13.9%	32.4%	100.0%

(注) 虐待者が特定できなかった25件を除く439件の事例を集計

- 虐待を行った従事者は「男性」が72.6%、「女性」が27.4%であった。
- 年齢については、「40～49歳」が19.1%と最も多く、次いで「50～59歳」が15.8%、15.6%が「30～39歳」であった。
- さらに、その半数が正規職員である。

成人を過ぎ、経験を積んだ大人であり福祉のプロとしての正規職員が弱者虐待を行っている実態がそこに存在する。人としての自覚を再確認する必要がある。

　次いで、年齢、雇用形態が不明という事実も福祉の業界には存在する。短期アルバイト、ボランティア、雇用契約を結ばない従業員も存在する。これらの実態が不明な者30%が虐待を行っていたということである。

◤❹ 現状における障害者虐待の防止対策研修の実態

　これらに対して厚生労働省及び各都道府県共に障害者虐待の防止対策として障害者施設の管理者等に対して積極的な研修を実施している。

　研修目的は、障害者虐待防止法の円滑な施行を図るため、厚生労働省において実施した「障害者虐待防止・権利擁護指導者養成研修[10]」に準拠した研修を実施することにより、県内の市町村や障害者福祉施設等における障害者虐待防止や権利擁護の推進に寄与する人材を養成することとしている。

　内容は年度によって若干異なるが多くの場合、以下のような構成となっている。

(1)「令和元年度埼玉県障害者虐待防止・権利擁護研修」(管理者・設置者コース)[11]

- 障害者虐待防止法の理解と虐待事案について
- 経済的虐待、放棄・放置の防止
- 性的虐待及び心理的虐待の防止
- 障害者福祉施設従事者等による障害者虐待の防止について
- 身体的虐待の防止及び身体拘束・行動制限の廃止
- 職員のメンタルヘルス(アンガーコントロールを含む)
- 施設における虐待防止体制の整備

(2)「令和元年度東京都障害者虐待防止・権利擁護研修」(管理者・設置者コース)[12]

- 東京都における障害者虐待防止の現状等について
- 障害者虐待防止法の理解
- 当事者・家族の声を聞く
- 障害者福祉施設従事者等による障害者虐待の防止について
- 障害者虐待防止に向けた取り組み

(3)「平成27年現場のための障害者虐待防止研修」公益法人日本社会福祉士会(施設従事者コース)[13]

- 障害者虐待の実態と権利擁護
- 障害者虐待対応の基本的視点と考え方
- 障害者福祉施設従事者による虐待について
- 管理者の役割と虐待防止マネージャーの役割
- 施設従事者・管理者としての虐待の要因分析と改善計画

など、障害者虐待防止法の理解、施設における虐待防止体制の整備などの「仕組み」を理解・整備することを中心としたカリキュラムが中心となっている。

　そして内容は一方的な講義で行われ、知識学習に終始している傾向がある。認知変容も必要だが行動変容にスポットをあて意識変革から行動に移す内容が求められると考えられる。

　しかし、このような研修を長年実施してきたにもかかわらず、深刻な施設従事者などの虐待事案は収まっていないのが現状といえる。

　本質は虐待防止法などの理解も必要だが、従事者の意識を変えることである。人としてどのように障害者と向き合うかを徹底しない限り虐待事案は防ぐことはできないと考える。

2 組織を守るためには記憶をなくす

■1 施設従事者等の虐待事案

　平成24年10月1日に障害者虐待防止法施行後も続く深刻な施設従事者などによる虐待事案。厚生労働省は施設従事者などの虐待事案として(1)、(2)の事案を発表している。

(1) 入所者殴り骨折　施設は虐待を事故として処理(14)

　県警は、身体障害者支援施設に入所中の男性(76)を殴り骨折させたとして、傷害の疑いで介護福祉士の容疑者(29)を逮捕した。男性は骨折など複数の怪我を繰り返しており、県警は日常的に虐待があった可能性もあると見て慎重に調べている。県警によると、約1ヵ月前に関係者からの相談で発覚。同施設を家宅捜索した。

　同施設を運営する社会福祉法人は男性の骨折を把握していたが、虐待ではなく「事故」として処理していた。

(2) 福祉施設で暴行死　施設長が上司に虚偽報告(15)

　知的障害のある児童らの福祉施設で、入所者の少年(19)が職員の暴行を受けた後に死亡した。また、施設長が2年前に起きた職員2人による暴行を把握したが、上司のセンター長に「不適切な支援(対応)はなかった」と虚偽の報告をしていたことがわかった。県は、障害者総合支援法と児童福祉法に基づき、施設長を施設運営に関与させない体制整備の検討などを求める改善勧告を出した。

　県はこれまでに、同園の元職員5人が死亡した少年を含む入所者10人を日常的に暴行していたことを確認。別の職員も入所者に暴行した疑いも浮上した(最終的に、10年間で15人の職員が23人の入所者に虐待していたことが判明)。

その他、報道に取り上げられた事案として**(3)**〜**(6)**がある。

(3) フルライフサポート・ユーリカ事件

　平成23年6月、神奈川県横浜市のNPO法人が運営するグループホームで、法人の副理事長で事業所の管理者であった者が入居利用者の通帳等の管理をしていた間に、重度知的障害のある入居利用者の預金通帳から合計約3,000万円を引き出し、そのうち約2,000万円の不明金を発生させたことで、実行犯である副理事長が横領罪で逮捕服役することとなり、法人についても、指定障害福祉サービス事業者の指定が取り消された。

(4) 下関市「大藤園」事件

　平成26年1月から2月、山口県下関市の知的障害者福祉施設「大藤園」で、当該事業所の支援員3人が、利用者に対し、平手で頭をたたくことや胸ぐらをつかむなどの身体的虐待を行っていたこと、シールの束で頭をたたく身体的虐待を行っていたこと、利用者への支援に際して、不当に大きな声や不適切な言葉を使い、暴言を吐くなど、心理的虐待を行っていたこと、過去において利用者の手をたたくなどの不適切なケアを行っていたことが確認された事件。他の職員の内部告発により発覚し、その衝撃的な虐待現場の映像が報道された。

(5) 3丁目食堂事件

　札幌3丁目食堂は、昭和61年頃から知的障害者を雇用し、平成5年頃には8人ほどを雇用。平成元年頃には生活寮に住まわせ札幌市から運営費を受け取っていた。しかし経営者は障害年金を横領し、給料を搾取し長時間労働をさせ体罰などを行っていた。

　平成19年6月弁護士らによって4人が救出され、平成20年4人の知的障害者が経営者や職親会を提訴し、平成23年2月総額653万円余で和解した。

(6) 白河育成園事件

　平成11年2月、福島県西郷村の知的障害者施設「白河育成園」において、同園の理事長の指示の下、園生に対し医師の処方箋なしに精神安定剤や抗

てんかん剤など10種類もの薬を服用させ、ろれつが回らずよだれを垂らした状態にさせたり、日常的に園生に体罰を加え、女性園生に対しては裸にして体を触ったり、夜間、居室で寝ている時に性的暴行を行っていたことが発覚し法人が廃園となった。

◢◣2 職員一人ひとりの人としての姿勢

　これらの事案または他の事案を含め、深刻な虐待事案に共通する事柄として以下の要件が挙げられる。

- 人としての行動の愚かさ
- 複数の職員が複数の利用者に対して長期間にわたり虐待
- 通報義務の不履行
- 設置者、管理者による組織的な虐待の隠蔽
- 事実確認調査に対する虚偽答弁
- 警察の介入による加害者の逮捕・送検
- 事業効力の一部停止などの重い行政処分
- 行政処分に基づく設置者・管理者の交代

　これらの事案についていえることは障害者虐待防止法の理解、施設における虐待防止体制の整備などの「仕組み」を中心としただけの研修では、障害者虐待防止や権利擁護に寄与する人材を養成するための効果が得られていないことが推測できる。

　企業で不祥事が発生した場合「記憶にありません」という言葉を多用し、組織と自分を守るために突発的に記憶を失う症状が発生するが、虐待事案に関しても虐待行為のみならず、管理者による隠蔽、虚偽等、組織と自分を守るために善悪の区別が付かなくなり人としての価値基準が大きく振れる。そこには職員一人ひとりに人としての姿勢が欠如しており、人としての道を歩んでいないことに大きな要因が存在すると考えられる。

3 現状把握のための、障害者福祉施設管理者等のカンファレンス結果

1 障害者施設が抱える現状

　障害者福祉施設の施設長、管理者の役割の一つに職場風土の刷新を目的とした「職場の活性化」がある。職場という集団は常に「生き生きとした活力ある状態」にしておくことにより事故を未然に防ぐことができる。これも管理者の重要な役割の一つである。人の育成がOJTであるなら、職場の活性化は集団の育成と考えられる。集団は常に成長していく。人と人との関係が密になり、連携が強まれば強まるほど、集団は成熟し、支援提供の水準は上がっていく。逆にその集団が悪い状態になっていくと悪い規範がはびこり、雰囲気も悪くなっていき、支援提供の水準も低下していく。

　職場には独特の雰囲気や行動規範があり、職員は知らず知らずのうちにその雰囲気や規範に合った行動をとるようになる。その土着した気風や見えざる掟のことを風土（climate）と呼ぶ。

　施設の力は「人（能力）」と「仕組み」と「風土」の三つにより構成されており、各要素の良し悪しが施設の力に大きく影響してくる。

　ただし、風土は実態がつかみづらいものであるので、能力や仕組みとの関連で捉える必要がある。そこで、2018年度に17法人24事業所の神奈川県内障害者福祉施設管理者・理事長を集めカンファレンスを実施した[16]。管理者の役割として施設が抱える問題点をもとに職場における「個人の能力」「風土」「仕組み」に分けて問題を抽出し原因を検討した。以下はその結果である。

各障害者施設が抱える現状の整理

(1) 職員個人の能力

・対人支援に向いていない職員がいる	・一つの業務しかできない
・大人としての仕事ができていない	・緊張感が低い
・決まったことができない	・向上心がない
・自分の仕事で完結している	・社会性がない
・パートの質の低下	・個人の価値観の違い
・外部ヘルパーによる虐待がある	・知らず知らずのうちに対応が悪くなる
・職員同士の支援の関わり合いの違いが存在する	・気付きが少ない
・支援に関する知識が不足している	・相談をするスキルがない
・積極性に乏しい	・余裕がない
・職員の入れ替わりが激しい	・自分自身のこれまでのやり方が良かったのか検証できない
・変則勤務に対応できない	・利用者支援の難しさがある
・自分の資格が活かせていない	・人に対する興味が薄い職員が多い
・仕事を組み立てられない	・待ちの姿勢がある
・専門性が低い	・個々人に応じた対応ができない
・深く考えようとしない	・問題を解決できない

(2) 施設の風土

・能力ある職員がいても職位を上がることを拒む	・女性上位である
・70点ぐらいを目指している	・お互いが相談できない
・デイとナイトの役割分担をしているが連携はあっても押し付け合いがある	・愚痴も出てこないほど辟易（へきえき）としている
	・意見を吸い上げる風土がない
・枠を出て新しいことをやろうとする人と、今の職務を充実させる人が混在している	・職種間の情報共有がない
	・伝えているつもりで伝わっていない
・後見的支援、ヘルパーなど初めて入る人から見て施設の第一印象が悪い	・価値観が伝わりづらい
	・風通しの良い職場が求められている
・職員間の信頼関係がない	・事務所内でフランクに話せない
・支援員より事務職員が知識を高めている（制度・報酬）	・守秘義務などを認識する素養がない
	・真剣に仕事に打ち込まない
・看護師、支援員のレベルが低い	・管理職は厳しいため「怒られた」という意識を部下が持ってしまう
・パートが少なく夜勤ができない	・他施設を退職した職員が多い（何らかの問題を抱えている）
・善悪のルールの理解がかみ合わない	
・職員不足のためマンパワーに頼ってしまう	

(3) 施設の仕組み

• 質の高い職員が採用されていない • 支援費制度になって10年で人材育成が困難になっている • 福祉法と現場に乖離がある • 障害者福祉の仕組みが障害者を見ていない • 人事考課か処遇改善のどちらを優先させるか悩んでいる • 人事評価票が難解であり、時代によって異なる • 人事考課が運用されていない • 評価基準が公表されていない • 考課者研修を実施していない • 障害者福祉は多様化し、専門性は低下しているのでリスクが高い	• 夜の支援で1人で10人を見なくてはならない実態がある • 労働基準法にあっていない • 労働者としての権利が守られていない • 管理者がいないと仕事が回らない • 手順書作りをしていない • 仕組みがきっちりしすぎて機能しない • 魅力的な仕組みを作り出せない • 支援に向いていない職員を育成する仕組みがない • 賃金の低さにより動機付かない • 職員の今後のキャリアを見せる仕組みがない

　カンファレンス結果のまとめとして、自らの行動に問題がある（自責）として抽出されたものは「人の能力」「風土」に起因する問題が多く、必ずしも最適な支援サービスができているという状態ではないといえる。現場職員における支援スキルの脆弱性、そもそも支援する側としての人間形成ができていない職員が多く存在し、仕事の意味や価値を認識することなく支援という作業に携わっている傾向がある。

　また、職員間でのコミュニケーションが円滑になされておらず、お互いを認め合う職場が成立していない。その結果として離職率が高くなり恒久的な人材不足に陥っている。さらに人材を補うために支援スキルを持たない、福祉に適さない人格を持った者でも採用せざるをえないというジレンマに陥っていることが想定される。

❷ 個別ヒアリングによる状況

　さらに各施設に個別ヒアリングを行った。内容は施設におけるマイナスの側面とプラスの側面に対しての認識状況であり、具体的な事象が確認された。主な認識状況は以下の通りである。

(1) 社会福祉法人 A障害者支援施設 (17) (大規模)

①マイナスの側面

- 施設長―施設課長―課長―主任という階層になっているが主任以下が存在しないことに危機意識を持っている。
- 課長級は3年〜5年で異動。課長以下は10年間は同じ場所に勤務
- 入職3年〜5年時の職員が心の病で離職するケースが多い(年に3名程度)。
- 入所事業については人員が不足している。
- 施設の理念は浸透させることが困難
- 組織が硬直化しているので研修は困難な状態にある。
- 年配のボランティアが存在するが、入所者の家族がいるにもかかわらず、見られているという認識がなくトラブルを起こしかねない。

②プラスの側面

- 支援において反省点を検討させることをしている。課長クラスが職員を集めて実施。実施する時間がない場合は翌日には必ず実施している。
- 今、言わなければならないことは即時対応をしている(壊れないところが壊れている、汚れない場所が汚れている等を察知したら施設長が担当職員に当日中に指摘をし、原因を解明し対策につなげる)。
- 事務所内に医務室を併設。職員が医療品(絆創膏等)を持ち出す際にその理由を事務所内の職員が聞き出し、些細な怪我か重大な過失かを確認できるようになっている。
- 会議は井戸端会議の体ではなく定期的に確実に行っている。施設内での課題と他施設における情報も共有化させている。
- 職員に知ってもらいたいことは現場に近いことであるという認識のもと情報提供を行っている。
- 虐待防止研修が権利擁護の方向に偏っていると思われるが、トヨタのCSRのような社会・地球の持続的発展への貢献という大きな視野で実施されることが妥当だと考える。
- 職員には介護ではなくソーシャルワーカーであることを伝え、夢と希望を持たせたい。
- ヒヤリハットの基準が難しい。同様の事象であっても職員によっては事故として報告する場合としない場合がある。転倒した時でもその実態を確実に読み報告する力が必要となる。

(2) 社会福祉法人 B障害者支援施設⁽¹⁸⁾（大規模）

①マイナスの側面

- 虐待防止研修は県社協、全社協に参加させているが限界がある。法人全体年間8億円の事業所で800万円の研修費用予算は捻出できない。研修参加時の報告書をファイルデータで公開し、会議で発表させる形をとるしかない。
- 平成7年に入職した職員が多いので下が育っていない。施設長62歳、支援部長43歳、主任以下は30歳代が多く定着率が悪い。肩書きはこれ以上多く作らない。
- 法人内の各事業所を異動させ経験を加味し主任に昇格させる。その間に希望職種との乖離での退職者が増加する。
- 精神障害はマイノリティーであり、実態を知らない人が多いので就職希望者が少ない。

②プラスの側面

- PCは事務所に3台あり、エクセルサーバーを使用し職員間の情報共有化を実施している。毎日必ず閲覧、入力をさせている。
- 会議の目的、ヒヤリハットの基準等は明確にマニュアル化しており、エクセルデータで共有できる。
- 夜勤日誌、生活介護日誌、個別日誌はエクセルデータに入力する、翌日に施設長、職員は内容を確認する（閲覧者確認ができる仕組みになっている）。問題がある場合はその時点で当事者を呼び出す。
- ヒヤリハット事例は毎年600件。市に報告し主任がピックアップしたものを会議にかける。
- 実習生は5校6名を通年で受け入れている。日誌での質問は施設長が即時回答をしている。回答、情報提供のダブリ・モレがないようにチェックシートを使用し、全実習生に伝えたいことを100%伝えられるよう平準化をしている。
- そこから就職者をピックアップする戦略をとっている。
- 中途採用者は4月までは非常勤。学卒新人と同時に4月に正職員とし同期意識を持たせている。
- 実習生を経てから採用する。保育士を希望する者も多いが入所施設から順番に実習をさせる。グループホーム希望者は少ない。
- 学卒新人の退職者は少ない。昨年度は3名。
- 問題が起きた場合、トカゲの尻尾切りで終わらせたくない。どのようなことをしたか、どのような教育をするかを考える。これが採用と退職者留めにつながる。

(3) NPO法人C 共同生活援助⁽¹⁹⁾（小規模）

①マイナスの側面

- 5箇所の事業所で常勤7名、非常勤17名で回しているのが実態である。
- 非常勤は5箇所を回らせ、固定はさせない（食事の準備などで食器の場所などがわからなくなるのを防ぐため）。
- 昼間はどこかの施設に職員が入っている状態なので情報の共有化ができない。ノートを使って引き継ぎなどを行っている状態
- 引き継ぎノートに書いたが読まれていない場合が多い（風邪薬処方されたことを引き継ぎノートに書かず、服用させなかった事案もある）。
- LINEも使用して情報共有をしているが個人情報が存在するので使用することにためらいがある（主な使用法は冷蔵庫の中身、食材の残量等の確認をタイムリーに行うため）。
- サービス管理者が20年選手。事務職が7年～8年目。その下が2年～3年目の職員と経験差が大きい。
- NPO法人として各単独施設が合併した時に理念・考え方の違いで不満が高まり、半数が退職した経緯がある。
- 自施設において2月末に退職する職員が1名いる。昨年度も1名。正職員2名体制のグループホームにおいては深刻な問題である。
- 新人（中途採用）の育成計画は描けるが、2年目の育成計画が描けない（面談によって今年できたこと、来期に向かって何をやるかを施設長が聞き出せていない）。
- 入所者が少ないグループホームは管理者が常時泊まっている。
- 家族会は家族だから施設を24時間解放しろというが、職員の場合は労基法上それができない。これは考え方の違う事業体が合併時に揉めた案件である。
- 家族の運営委員会でスタートした。立ち上げ時に親が金銭を拠出している。親が亡くなった後のことを考えて作られたのがグループホームであり、親と職員、入所者の考え方の違いでぶつかり合いがある。
- 職員よりも立ち上げた家族会の力が強い。
- 連絡会では役員会、定例会、ブロック会があるが管理者の参加率が少ない。管理者が連絡会の中身をわかっていない。
- 管理者の意識が重要。目が全体に回っていない。人に疎い管理者が多い。
- 職員の利用者意識には差がある。私は食事を作るだけといった近視眼的なものに終始している。
- 内部防犯カメラを設置したが監視になってしまい、気になった時に見に行く職員が減ってしまった。

②プラスの側面
・非常勤として60歳代の男性は力仕事で役に立つ。女性はグループホームにおいては家事ということで役に立つ。しかし、支援という意識を持っていない。 ・新施設の開所において新卒採用はできるが、既存施設では困難である。 ・法人全体として「権利保護」の研修は強制的にやっている。「防災」「個人情報」「自閉症」に関しては自由参加で行っている。 ・「虐待防止マニュアル」の読み合わせを行っているがそれだけでは効果が出ない。 ・地域を知るということで地元の各施設を訪問するようにしている。 ・ミーティングは月1回。職員全体で実施している。非常時はグループホームごとに実施している。

　法人A・Bについては大規模施設といえるが、現場の現状は小規模施設が抱えているものと大きな違いはない。

　主要3施設のヒアリング内容をまとめると、仕組みとしての日報等の情報共有システムはうまく構築されている一面、その情報内容にばらつきが存在し最適な運用がされているとはいえない状況にあり、情報を入力する職員の資質に課題が残る。採用面において3施設ともに努力をしているものの理念にあった職員、高度な支援スキルを持つ職員の採用には困難を極めているのが実態である。さらに人手不足と採用難、離職率の悪化が重なり、来るものは拒まずという採用を繰り返し職員の質を下げていることが挙げられる。

　全体カンファレンスの結果と合わせて考察すると、すべての施設で共通にいえることは、職員の質に課題があり、このまま放置することにより事故及び虐待の引き金になるおそれがあるものと考えられる。

　その要因として、従事者としての人間性、支援スキルの脆弱性に伴い、虐待の本質を従事者が理解していないことや、虐待は利用者の問題行動に起因している（他責）という認識が強く、従事者のによる虐待を利用者の問題行動として責任を転嫁してしまうことが挙げられる。

　これらは通常、悪意を持って行われる場合は少なく、人間らしさの希薄により「正しさ」は常に状況対応的であり、その結果、支援の延長線上として普通に虐待が行われる場合が多い。

外因的な制度や仕組み、採用難などに問題を転移し、内因的な支援の意識や技術として施設内部から問題を捉え改善しようとする視点と方策が見いだせていないものと考えられる。

まさにホスピタリティにおける人としての生き方、人倫が求められるものと考える。

◤ **③ 抽出された主な問題の「原因」と「対策」**

カンファレンスにおいては各施設の現状をまとめ、その「原因」と「対策」を管理者が検討をした。その結果が以下である。

(1) 個人の能力に関して

問題	職員に向上心がない		
原因	社会福祉法人なので競争原理がない	社会福祉法人は潰れないという安心感がある	現場に緊張感がない
	現場の意見を吸い上げない組織になっている	不満があると施設を辞め他の施設に渡り歩く	向上することに意味がない
問題	職員が大人としての仕事ができていない		
原因	社会性がない	社会常識がない	専門知識が弱い
	利用者のこと考えない	自分の都合で考える	問題解決ができない
問題	職員が人として成立していない		
原因	利用者への優しさがない	利用者に心を配らない	非常勤として割り切っている
	福祉より自分の主婦の立場を優先している	利用者の家族のことを考えていない	主任・管理者になりたくない
問題	職員が仕事を自分で組み立てられない		
原因	仕事を理解していない	応用力がない	創造力がない
	育成ができていない	真剣に仕事に打ち込まない	待ちの姿勢
問題	対人支援に向いていない職員が多い		
原因	支援に関する知識不足	人に対する興味が薄い	子供が手を離れ暇つぶしできている
	障害者支援の難しさ	お金で人生を考えている	サービス業が向いてなくて転職してきた
対策	• 福祉の仕事は税金で成り立っている。地域貢献ということを説明する。 • キャリアアップの仕組み作り（しかし、小さな施設では作りにくい） • OJTの土台を作る。自施設にあった研修を企画実施（予算と時間の問題がある） • 「誰でも採用」からの脱却。人を選ぶ。 • 人徳、品格、人間性の向上が求められる。		

従事者の前提条件となる組織人、人としての意識を高めなければならない対策として従事者の意識変革が求められるが、その手法は各施設の規模によ

り異なり、採用で対策をとるのか、育成を強化するのかが判断の基準となる。

　子供が手を離れて空いた時間で社会貢献の真似ごとをしたいという意識で、障害者福祉の本質を理解せずに施設で働くボランティア・パートが多く存在し、その反面、入職の基準は時給の金額、自由な勤務シフト、休日の保証によって選択されている。

　このように利用者への支援の意識・スキルが低い従事者が存在することに関する危機意識を持っている管理者が多い反面、それに対する対策がいまだ講じられておらず、暗中模索の段階である。スキル向上の一点に絞るのではなく、キャリアアップや従事者へのモチベーションの与え方、意識改革など多面的にアプローチすることが求められる。

(2) 風土に関して

問題	職員間のコミュニケーションの悪さ		
原因	すべてが言い訳になっている	職員間の信頼感がない	お互いを認め合う職場ではない
	他責にする（自分は悪くない）	職員同士の仲が悪い	異動がなく固定された職場
問題	職員の離職が多い		
原因	人間関係が悪い	自分の仕事が正当に評価されない	障害者福祉の仕事に魅力を感じない
	勤務が厳しい	職員間いじめがある	本人の人間性に問題（大人になっても心は子供）
問題	人材不足		
原因	障害者福祉のイメージがわかない	求人票だけでは福祉の内容は伝わらない	入職時に魅力を伝えていたが継続できない
	泊まり勤務の存在が嫌	入職2年～3年で管理者をやらせてしまう	半数以上が前職は福祉系（流れ者が多い）
問題	施設として外部の考え方を取り入れない		
原因	管理者は自分のやり方でしたい（これでいい）	周りからとやかく言われたくない	取り入れたい考えがない
	民間と福祉は違うという考えがある	現場は取り入れたい	今更、変わりたくないし変えたくもない
対策	・採用基準の見直し ・学校と良好な関係を作り実習生を受け入れる。 ・実習生を通して職場を冷静に見る。		

　従事者間のコミュニケーションがうまくとれていないところから離職率が高まり人材不足に陥り、誰でも採用によりコミュニケーションがさらに悪化するという連鎖が見てとれる。虐待が発生している場合、周囲の従事者が気付いていることがほとんどであるが、その事象に対して触れず黙殺

し表面に出てこない場合がある。または、周囲も虐待として認識していない無知が原因となる場合も多く存在する。これらの風土改善を管理者としてどのように改善していくかの対策が採用方法を柱とした手続きとなっているが、風土はその施設の伝統や慣例、施設長、管理者のマネジメントのとり方からも作られていく。また、管理者の姿勢や従事者の特性や職場状況の中から作られることもある。管理者自らが職場そのものに手を入れる対策が求められる。

　風土を一度に刷新することは難しいが、管理者のマネジメントの方法や姿勢次第で少しずつ変えることができる。しかし、すぐには結果が見えないため、手続きの方向に関心が行き、風土改善そのものに目が向いていない傾向にある。

(3) 仕組みに関して

問題	職員が人並みの生活ができない		
原因	労働環境が悪い	給料が安い	成果が見えない
	評価の基準がわからない	情報が伝わらない	障害者施設で働いていることを人に言いたくない
問題	施設の理念の浸透ができてないい		
原因	理念の伝え方が悪い	職員の価値観が違う	理念重視の考えがない
	管理者のコミュニケーション能力が低い	法改正により理念が通用しなくなった	仕事に対する動機の違い
問題	職員に対してルールの徹底ができない		
原因	ルールがわかりづらい	会議で決めきられない	徹底しても実行しない
	職種間で利害関係がある	法律と現場の乖離	ルールよりも、やりやすさが優先
問題	人事考課ができていない		
原因	評価能力のある管理者がいない	人事考課の仕組みが運用されていない	結果が数字として出にくい
	他の職員との差を付けたくない	給料は違うが職務内容は常勤、非常勤共に同様	差を付けることに(MVP表彰等)理事長が決断できない
問題	人間愛と制度が合っていない		
原因	福祉に労基は合わない	障害者を相手にすることを時間と金銭で区切ることはできない	障害者福祉の仕組みが障害者を見ていない
	法律とマニュアルでは障害者を支援できない	福祉の制度が頻繁に変わる	人間愛を持った職員は少数
対策	・労働環境の是正 ・理念を明確にする　シンプル+具体的に時代に合わせる。 ・人事評価システムの構築 ・理想論ではあるが制度ありきでは実態に合わない。		

　福祉とは何か、施設の存在意義は何かを自施設の理念を通じて浸透させ、職員に自分の役割を強く認識させることが必要とされるが、その対策は「理念をシンプルに＋具体的に時代に合わせる」という抽象的なものであり、具体策が見えてこない。ヒヤリハットの基準を文章化して明確に定め、報告書・日報に関する記載方法を国際生活機能分類（ICF）[20]に準じたものに修正し、アセスメントのモレと従事者の推測（思い込み）をチェックし、その度ごとに根拠となる理念と絡めて指導していくという仕組み作りが求められる。さらに仕組みの部分においても人として成立していない管理者や職員に関する課題が存在している。人手不足と採用難であることも起因し、支援技術も福祉の精神も持たない人を採用してしまう採用基準の仕組みの検討も必要となる。

4 障害者施設での虐待が発生する背景

　以上のような対策を俯瞰的に検討し、実施に移行したとしても虐待が発生する根本的な要素を見逃すわけにはいかない。虐待が発生する根本的な要素は現場の複数の事象が複雑に絡み合いながら存在する。その現場の事象を見ていく。

◀■❶虐待が発生する理由について「人」に起因するもの

(1) 職員採用時は頑張って支援をしているが経験を積むごとにモチベーションが落ちてくる。ルールはわかっているが破る。性的虐待は最たるもので、倫理までも踏み外す。異性と付き合ったことがない若い従事者が利用者に好意を寄せられれば勘違いして手を出してしまうこともあり、恋愛感情から性的虐待に突き進んでしまうこともある。

(2) 家族に対するアセスメントが不十分で、家では洋式トイレで座って小便をしている男性利用者（児童）に立って小便をさせる練習を強いて、その度にズボンを汚すことを叱る行為も虐待といえる。悪意があってもなくても、利用者に対しては虐待として認識される。そして、暴れている利用者を畳に押し付け、肋骨を折ってしまう。家族からのアセスメント不十分で折れやすい病気ということを知らず、その場合の対応の方法も知らなかった。これは無知から起因する身体的な虐待といえる。

(3) 利用者が落ち着いている時は好き勝手にやらせておくだけ。ここで放置（ネグレクト）という虐待が発生している。しかし、社会で生きていくためには教えることは教えなければならない。
　施設内において静かにしていればどれだけ楽ができるかを利用者に従

事者が試されているということを感じない従事者が多い。利用者が間違いを起こした時に「叱る」ということを徹底している施設はあるが実際は機能していない場合が多い。ルールが曖昧になってしまう。悪い意味での利用者主導の行動になってしまうが利用者中心と放任は違う。重度の利用者であっても興奮状態を装い従事者を試してくることがある。その場合は「だめだよ」といえる、毅然とした態度が必要である。

(4) 大卒1年未満の従事者が保護者から「先生」と呼ばれ、お礼を言われる。相手が障害者の家族ということだけで、自分の立場が上だと勘違いし危険な方向に育ってしまう可能性を秘めている。実際、高卒1年目で支援スキル・知識も身に付いていないにもかかわらず、パートに対して偉そうに間違った指示を出し、障害者の家族に対して説教をする従事者も存在する。これらはハラスメントの要素も含まれてくる。

(5) グループホームの場合、施設で入所者の出納を預かっているが、1日おきにジュースを飲んだと誤魔化せば金銭搾取が発生する。入所者に好かれている職員ほどお金に卑しい人がいるようなケースもある。あえて恣意的に信頼関係を作り入所者に好かれるように努め口封じを行っている悪質な例もある。これは経済的虐待といえる。そして、複数あるグループホームに経験者を配属させると少数の職員で運営しているため管理者の目が届かない。そのため自己流で支援をし、理念と全く違った方向へ動いていく。異動を検討しようとしても後継者がいないのでとりあえず継続させていると、かなり危険な状況に変貌していく可能性がある。

◆ ❷ 虐待が発生する理由について「風土」に起因するもの

(1) 支援がうまくいかずに個人技でやっている従事者もいる。間違った行動をとり、それが日常化すると虐待になっていたという事例も存在する。

(2) 利用者が怒るということは何かがおかしいからだと考えるべきであり、従事者の行動が原因ということも多々ある。重度障害の利用者にはアセスメントをとっていてうまく支援ができるが、中・軽度の利用者には家族と連絡すらとっていない場合が多く、従事者側が禁止事項を知らずに利用者を怒らせている場合がある。心理的虐待はアセスメントの手薄からも発生する。

(3) 自宅用の食材を施設の食材と共に業者に発注して使用していた厨房<ruby>厨房<rt>ちゅうぼう</rt></ruby>のパートが複数存在した。その後、事実が発覚し弁当配達に切り替えたがそのパートはどのような教育を受け、何を考えて施設に来たのか？　疑問である。施設の環境にも問題があり管理の目が行き届かず、個人発注が自由な状況であったことにより横領がしやすい状態にあった。

◀▶ 🔢 虐待が発生する理由について「仕組み」に起因するもの

(1) 昼食時に食堂に移動することを拒む利用者が存在し各従事者は手を焼いていたが、A支援員が促すとスムーズに食堂に移動させることができ、作業をスケジュール通りにこなしていた。

　　その後、家族からのヒアリングによって利用者は朝9：00に起床、毎朝2膳の朝食をとり10：00に来所しているとわかった。その利用者は昼食を食べたかったのか？　この現状では昼食を拒むことは当然の行為であり、A支援員は支援ではなく脅しにより強制的に移動させていた可能性がある。業務の混乱を来さないよう作業スケジュールを優先していた点で精神的虐待の可能性がある。

(2) 暴れている重度の利用者を取り押さえたとき従事者が骨折をしてしまった。労災を主張するが、それよりも先に、なぜ自分が骨折に至るまでの押さえ方をしたのか、どのような押さえ方をしたのかを判定しないと従事者側の身体的虐待であった可能性が残る。

▶▶ 4 虐待が表に出ない主な理由

　さらに、このような現状があるにもかかわらず多くの虐待が表に出ない主な理由は以下の通りであると考えられる。

(1) ヒヤリハット事例が現場から出てこない。日報報告の内容はヒヤリハットがあることを認識していない記載内容であり、虐待の要件を要件として認識していない場合がある。観察力とアセスメント力が弱いことが考えられる。

(2) 来所した時になかった傷が帰所の時点で確認された場合、家族に報告をするが、それをさせずに保護者から「どうしたのですか？」と聞かれたとき「わかりません」「見ていませんでした」では支援が十分でなく責任問題につながる。そのため家族に対して隠蔽の方向に動いてしまう場合がある。

　同様の案件で、利用者が家に帰り、腕が上がらないということで病院に行くと骨折であった。これが通報につながるが、施設としては全く気付かなかった。すると怪我か虐待かわからないままに処理をすることになる。

(3) 親が虐待する側を守る行動をとる。背景には自分が老いた時や、万が一の時にわが子を預ける場がここにしかないという行き場のない状況がある。さらに、虐待の事案が施設内で確実に存在しても、自分の子供が施設にいることを周囲に知られたくない家族が恐れて通報しない場合がある。

(4) 障害を持つ子供の年金を担保に借金をする親もいる。子供が庭を好きだからという理由で勝手に自宅の庭を直す親もいる。これは施設として通報しなければいけない事案だが、親との話し合いで金銭の浪費を止めることで解決している場合がある。

(5) 通報システムができたから虐待件数が増えているという考えと、通報は虐待の要件であって虐待認定は行政が行うので、通報件数と虐待の実態数は合致しないという考えがある。

(6) 過去から蓋を閉めていた部分の蓋が合わなくなってきたのが実態であり、新しい蓋を模索している事業体も存在する。

(7) 公的機関（行政側）が、虐待を正面から受け止めきれずに隠蔽する役割を担うことがある。ギリギリの職員数で運営している施設に対して虐待したと認められる職員の職務停止指導をした場合、従事者のやりくりができず運営ができなくなってしまうと、実質的な運営停止処分となるため指導の実行をためらう。しかし、今晩の泊まり勤務において虐待を繰り返す可能性が大きいというジレンマに陥る。

(8) 高齢者虐待防止法では、虐待における通報は「努力義務」とされているが、障害者虐待防止法では虐待を受けたと思われる障害者を発見した場合は「通報義務」を課している[21]。障害者虐待防止法はまず、通報から始まるというスキームであり、障害者自身が虐待を受けている自覚がない場合や、その被害を訴えることができない場合を想定した重要なポイントである。しかし、発見した場合は通報が義務であるということを認識していない人が多数存在する。

　上記のように虐待の発生要因としては、「支援知識・支援技術」「理念浸透」の欠如という要因が挙げられたが、それにも増して「職員の人間性や資質」「倫理観の欠如」に関する虐待の要因が多く存在することがわかる。
　虐待が表に出ない主な理由としては、第三者サービス評価システムや障害者虐待防止センター制度等の仕組みが導入されてはいるが、利用者家族の事情、従事者の意識のバラツキなどにより円滑に運用されていないことがわかる。

　管理者、従事者共に虐待の本質が見えておらず、虐待は利用者の問題行動に起因しているという認識が強く、従事者の資質や人間性が原因であるとして法人や施設内部から捉えようとする視点が見いだせていないという内因性と、利用者家族や行政の立場・役割という外因的な要因により、虐待に対しての自己解決志向の誘因に弱く、虐待が密室性であり隠蔽的で長期にわたりエスカレートするという構造的な傾向が見られる。さらに虐待から刑事罰に抵触する犯罪行為も生まれる。

　また、市区町村などの職員が判断した虐待の発生要因としては、「教育・知識・支援技術等に関する問題」が56.1％で最も多く、施設内で虐待が発生する背景要因はこれと類似する傾向がある。さらに自己表現力や、コミュニケーションに課題を抱える障害者の特性への従事者としての理解不足と無意識に潜在的な上下関係の意識を持ち人権に関する感性の鈍さがある。従事者個人としての人間性、及び教育の不足から専門職としての意識の低さ、援助技術の向上の機会の少なさもある。人間として、支援者としての自己の課題と、利用者の根本的な資質の把握と理解ができていないという人倫としての課題の要因が挙げられる。

　さらに職員間の円滑なコミュニケーションが希薄な状態にあり、または風土的にマイナスの結束力を持つコミュニケーションが働き虐待を助長する傾向にある。要因としては人員不足を理由に応募者があれば無条件で採用を実施してはいるが、それであっても人手不足が緩和されず、標準的な支援レベルを持たない職員による過激な労働が要求され、その行き場のない矛先が利用者に向けられるという仮説が見えてくる。

5 障害者虐待防止の課題となるもの

■1 制度における課題

　厚生労働省の「障害福祉施設従事者等による障害者虐待の状況等」において提示した結果のように障害者施設における虐待件数の増加は著しい。平成15年度は障害者福祉の分野では、支援費制度によりサービスの利用が措置から契約制度に移行し、利用者の主体を尊重したケアマネジメント[22]や障害者虐待防止センター制度[23]などが盛んに導入された年であるが、15年以上経た現在でも虐待件数が増加していることが注目される。これは、施策、政策の急激な変化に施設の現場や職員が対応できず、その適応過程でとまどいや不安がストレスの増加やモチベーションの低下等を引き起こすという制度の変化に伴う影響も大きいと推察できる。これに関しても本章3「障害者福祉施設管理者等のカンファレンス結果」に実態として表われている。

　そして、契約制度と並行しながら、第三者サービス評価システムや障害者虐待防止センター制度等が導入されることにより従来隠蔽されていた虐待が明るみに出やすくなったという要因もあると考える。

　しかし、現在まで虐待件数が増加傾向にあることから、現実としては契約制度や、ケアマネジメント、権利擁護のシステムは虐待防止のために想定していた効果を出し得ていない事実を示していると考えられ、これらに対応した『厚生労働省において実施した「障害者虐待防止・権利擁護指導者養成研修」に準拠した』研修を各都道府県が実施してきたがこれも想定通りの効果を出していないことを示している。

❷ホスピタリティにおける課題

　制度の理解、仕組みの構築に重点を置くだけではなく、人倫、社会倫理、福祉に従事する人のマインド、人間性の向上、人徳の構築等を主とするホスピタリティマインドに着目すると潜在的な可能性が内包されていることがわかる。

　民間企業では「顧客側発想」という概念を打ち出し顧客第一で経営されている。施設の顧客は利用者・入所者であり支援報酬は利用者・入所者から自治体を通して支払われる。その収入源である利用者を虐待するという発想と行動は通常考えてもあり得ないことである。しかし、それをやってしまうということは人間性そのものに問題や原因が存在する。

　ホスピタリティ精神としての人倫、社会倫理を認識させ、人として生きる道を自覚させることが虐待防止に関しては重要課題であるが、これらを効率的に醸成していくための手法として小集団活動を運営していくことも重要な施策の一つである。小集団活動とは職員の研修手法の一つであり、施設内で少数の職員が集まったグループを結成し、そのグループ単位により共同で問題解決活動を行うことを目的として運営するものである。小集団活動では、職員が自主的に参加するということと、テーマは設けず、職員が職場の中で独自に問題を見つけ、取り上げ、グループで解決案を作り上げていくことが特徴で、少人数のメンバーが対面してコミュニケーションをとり継続的に共同活動を行うことでコミュニケーションを深めていく。小集団活動を行うことのメリットとしては、職場の問題を問題として認識できる目が養えること、職員のチームワークによる職場風土の向上、職員個人の意見が施設運営に反映されることで生き甲斐が見いだされ、集団の中で自己を振り返ることができ相互啓発が促進されるなどといった事柄が存在する。

　これにより、課題となっている「人」「仕組み」「風土」に関する要因を解決できる方向性が見いだすことができる。

　小集団活動のスタート段階では些細な問題であった「支援員が利用者を

ちゃん付けで呼んでいる」「医務室の絆創膏の減りが早い」などからでも構わない。この段階から状況を認識し、状況に違和感を見つけることにより問題意識が向上する。

　当初、小集団活動は生産現場で生産性向上や品質管理を目的として行われてきたが、現在はホテル、看護・介護、医療・福祉等のホスピタリティ産業の現場で頻繁に行われるようになっている。ホスピタリティ産業におけるホスピタリティ精神の向上にはこのような方法が必要となる。

第5章 ここまでのまとめ

1. ホスピタリティ産業の雄である福祉施設において、利用者の虐待、成年後見人による財産管理トラブル等の不祥事が多発している。

2. 研修や虐待防止法等の理解も必要だが、従事者の意識を変え、人としてどのように向き合うかを徹底しない限り虐待事案は防ぐことはできない。

3. 虐待は施設内における「人（能力）」と「仕組み」と「風土」に要因が存在する。

4. 現場職員における支援スキルの脆弱性、そもそも支援する側としての人間形成ができていない職員が多く存在し、仕事の意味や価値を認識することなく支援という作業に携わっている傾向がある。

5. 日報報告にはヒヤリハットであることを認識していない記載内容が多く、場や人を観察していない状態にある。

6. 虐待は悪意を持って行われる場合は少なく、人間らしさの希薄さにより「正しさ」は常に状況対応的であり、その結果、支援の延長線上として普通に虐待が行われる場合が多い。

7. 人手不足と採用難であることも起因し、支援技術も福祉の精神も持たない人を採用してしまう採用基準の仕組みの改善も必要となる。

8. 虐待の発生要因としては、「支援知識・支援技術」「理念浸透」の欠如という要因が挙げられたが、それにも増して「職員の人間性や資質」「倫理観の欠如」などの要因が多く存在することがわかる。

9. 虐待が表に出ない主な理由としては、第三者サービス評価システムや障害者虐待防止センター制度などの仕組みが導入されてはいるが、利用者家族の事情、従事者の意識のバラツキ等により円滑に運用されていないことがわかる。

10. ホスピタリティ精神としての人倫、社会倫理を認識させ、人として生きる道を自覚させることが虐待防止に関しては重要課題である。

▶ 第5章　参考文献

（1）『平成29年度「障害者虐待の防止、障害者の養護者に対する支援等に関する法律」に基づく対応状況等に関する調査結果報告書』平成30年12月 厚生労働省 社会・援護局 障害保健福祉部 障害福祉課 地域生活支援推進室

（2）前掲（1）　表25

（3）前掲（1）　表26

（4）前掲（1）　表33

（5）前掲（1）　表35−1

（6）前掲（1）　表38

（7）前掲（1）　表41

（8）前掲（1）　表42

（9）前掲（1）　表43−2

（10）障害者虐待防止法の実効性のある取り組みをするため、国において「障害者虐待防止・権利擁護指導者 養成研修」を実施することにより、各都道府県における障害者の虐待防止や権利擁護に関する研修の指導的役割を担う者を養成することを目的とする。厚生労働省 障害者虐待防止・権利擁護事業

（11）埼玉県保健福祉部障害者支援課、令和元年12月

（12）公益法人 東京都福祉保健財団主催、令和元年7月

（13）公益法人 日本社会福祉士会、平成30年

（14）『平成30年障害者福祉施設等における障害者虐待の防止と対応の手引き』平成30年6月、厚生労働省 社会・援護局 障害保健福祉部 障害福祉課 地域生活支援推進室、p.5

（15）前掲（14）

（16）2018年度に神奈川県内の障害者支援施設、共同生活援助、就労継続支援、重度障害者等包括支援等17法人24事業所（小規模〜大規模）の理事長、施設長を集めカンファレンスを3会合（計6時間）で検討を行った。

（17）障害者総合支援法に基づくサービスの種類：生活介護サービス・日中一時支援サービス。法人本部常勤専従者3名、施設・事業所常勤専従者137名、非常勤107名、調査対象：理事長

（18）障害者総合支援法に基づくサービスの種類：生活介護サービス・日中一時支援サービス・児童発達支援・放課後等デイサービス。
法人本部常勤医専従者4名、正職員306名、非常勤職員11名、調査対象：施設長

（19）NPO法人共同生活援助サービス、正職員2名、非常勤6名、調査対象：施設長

（20）ICF（International Classification of Functioning, Disability and Health）は、人間の生活機能と障害の分類法として、2001年5月、世界保健機関（WHO）総会において採択された。この特徴は、これまでのWHO国際障害分類（ICIDH）がマイナス面を分類するという考え方が中心であったのに対し、ICFは、生活機能というプラス面から見るように視点を転換し、さらに環境因子等の視点を加えたことである。

（21）「障害者虐待の防止、障害者の養護者に対する支援等に関する法律」（平成23年法律第79号）第16条第1項　障害者福祉施設従事者等による障害者虐待を受けたと思われる障害者を発見した者は、速やかに、これを市町村に通報しなければならない。

（22）福祉サービスとそれを必要とする人のニーズをつなぐ手法

（23）障害者虐待防止法の施行に基づき全国各市町村に設置され、障害者虐待に関する通報及び相談の窓口となる機関。通報を受けた場合に虐待の事実確認や被害者の一時保護を含む対応措置の実施、都道府県への報告などを必要に応じて行う。

第6章

ひととして人の悲しみを
受け入れる

　人は「慈しみ」をポジティブに願うが、「悲しみ」はないほうがよいという側面がある。しかし、悲しみこそが人の心に響くことがある。悲しみは自分にとって大切な人やものや事柄を「喪失」することによって起こり、何らかの喪失によって悲しみを感じることは普通のことであるといえる。悲しみの克服は聞くこと、話すことの両方を往復することが必要である。文芸理論上の「ストーリー」とは異なり自分自身の「物語」を語ることを「ナラティブ」という。ナラティブでは悲しんでいる中で私の中の罪悪感は自分の内側にあるのか外側にあるのかを眺めることが大切である。

1 ┃ 悲しみを考える

◀▶ ■1 慈悲について

　「慈悲」とは「慈」はサンスクリット語maitrīを原語とし、これはmitra（友）から派生した言葉で、あらゆる人に平等に注がれる深い愛情や慈しみを表している。「悲」はkaruṇāを原語とし、嘆きという意味であり、悲しみ、あわれみを表している。「慈しみ」と「悲しみ」という相反する意味が込められていることから、他人の嘆きと同化し自らも嘆きを共にするとき、他人に対する最も深い理解が生じると解釈されている。

　人は「慈しみ」をポジティブに願うが、「悲しみ」はなければよいという側面がある。しかし、悲しみこそが人の心に響くことがある。

　一方、grief（グリーフ）とは、深い悲しみ、苦悩を示す言葉であり、自分にとって大切な人やものや事柄を「喪失」することによって起こり、何らかの喪失によってグリーフを感じることは普通のことであるといえる。

　1999年、世界保健機関（WHO）は、健康の定義について「身体（physical）」「精神（mental）」「社会（social）」そして「スピリチュアル（spiritual）」の四つの領域があることを提案している。グリーフケア[1]とは、スピリチュアルの領域において、様々な「喪失」を体験し、グリーフを抱えた方々に心を寄せて寄り添い、ありのままに受け入れてその方々が立ち直り、自立・成長し、そして希望を持つことができるように支援することである。

　昨今、災害、事故が多発しているが親を失った子供が一番悲惨な立場に置かれ、グリーフケアでは親の死への悲しみを支援することが重要な課題であるとされている。

　グリーフケアにおいて、例えば癌という困難な病気に直面し、生きることそのものに疑問を抱き、自らの人生の意味、死後の恐怖などについて苦しみを抱くことをスピリチュアル・ペイン[2]（精神的苦悩）と呼び、身体

的な疼痛(とうつう)と同様にこれらを癒やしていくことをスピリチュアル・ケア[(3)]（精神的ケア）と呼んでいる。スピリチュアル・ケアを考えるときにスピリチュアル・ペインという考えで説明すると誰でも経験があり、理解しやすい面がある。「慈悲」についても同様であり、慈しみや救い、癒やしは距離がありなかなか到達できないがスピリチュアル・ペインから紐解(ひも)いていくとよくわかる。人々は喜劇や感動作品を嗜好(しこう)する一方、悲しい小説や映画を好む傾向にもある。そこに何か大切なものがあり悲しみを分かち合うためにそれをするのであって、スピリチュアル・ペインと悲しみはつながっているといえる。悲しみを経験した人は人の悲しみに共感できるのである。

◢ ❷ 無常について

「無常」とはサンスクリット語anityaを語源として、万物は生滅流転(しょうめつるてん)し、永遠に変わらないものは一つもないということを意味する。

幼い頃の子供は可愛かったが、今は暴力を振るう。「なぜ」と考えて悩んでしまうが、昔の可愛い子供に戻ってほしいと親が勝手に望んでいるだけで、子供の状況も変わり成長していて、元に戻ることはできないのであり、これが「無常」であるといえる。非合理的に事実を否定しているだけであって、現象は常に変化しているものであり、今の事実を受け入れることが大切であり、この作業を「智恵を発揮する」という。

『歎異抄』の中では、「ささいな病気でも、もしかしたら死ぬのではないかと心細く思う[(4)]」といいつつも、「この世との別れをどんなになごりおしく思っても、その縁が尽き、どうにもならなくて人生の終りをむかえるときに浄土へ参ればいいのだ[(5)]」という意味の親鸞聖人の言葉が残されている。

また、江戸時代の禅僧、良寛は、文政11年（1828年）の地震[(6)]のおりに、友人の山田杜皐の無事を喜ぶ手紙の中で、「親るい中死人もなくめでたく存じ候[(7)]」といいながら、「しかし災難に遭う時節には災難に遭うが

よく候、死ぬ時節には死ぬがよく候、これはこれ災難をのがるる妙法にて候[8]」と書いている。災難に遭うときは災難に遭い、死ぬときには死ぬしかない。私たちがどんなに手を尽くしてもそれは変えられない。だとしたら、それらを受け入れて生きるしかないという意味の言葉である。どんなに不運が続き、大災害に遭おうとも、それは紛れもない命の現実の姿でしかなく、そのことを「災難」としてしか捉えることができないならば、どこまでもその不運を嘆いて生きていくしかない。友人を亡くし悲嘆にくれる山田杜皋に対しそのことに一切触れることなく、「人として生まれたからには生老病死からは逃れることはできず、あるがままを受け入れ、今、自分ができることを一生懸命やるしかない」という教えを語ることで励ました心のこもった言葉である。そこには良寛の温かい人間味が感じられる。この良寛の手紙は、おそらく山田杜皋にとってどんな慰めの言葉よりも救いとなったのではないか。親鸞聖人、良寛どちらの言葉からも、「無常」の事実を当然のことと受け入れつつ、なおそれを越えるあり方を見いだした人に備わる本当の強さがうかがわれる。これらの言葉を発した先人たちのもとにどのような真理が働いているのか。これを知ることは、現代の社会に生きている私たちにとっても、極めて重要なことである。

　「無常」を謳う文芸は世界中に存在する。桜の花が満開となり散っていく様、人が死んで悲しい、命の短さを嘆く文芸は多数存在する。「祇園精舎の鐘の声」で始まる『平家物語』、「ゆく河の流れは絶えずして、しかも、もとの水にあらず」の『方丈記』、『徒然草』『万葉集』まで無常を嘆くものは多い。これらの文芸作品から人は「無常」を容易に受け入れることができ、無常の表現は「人形浄瑠璃」や「歌舞伎」の中にも満ちている。
　しかし、上記のように、人は文芸というバーチャルにおいて無常を理解はできるが、自分自身のリアルに関しては理解が困難であるといえる。
　また、そこから目を背ける傾向にあるといえる。

2 文芸作品から悲しみを考える

◆ 1 小林一茶 (1763年－1828年) の持つ悲しみ

小林一茶は悲しい人生を歩んだ人であった。一茶は俳句の世界では独自の人生を送ったが、個人的には悲しい人生を送り自分を省みて、悲しみと弱い生き物に焦点をあて自分をなぞっている。

小林一茶は北信の農家で生まれ2歳で母を失っている。義母は男の子 (仙六) を設け一茶は義母から虐待行為を受けていた。守ってくれた祖母は14歳の時に死亡し父は苦渋の決断で一茶を江戸へ奉公に出した。その後、39歳のときに父親の死を迎え、父の遺言は虐げられて育ってきた一茶を痛ましく思い、一茶に遺産をすべて渡すとしていたが、義母とその子は受け入れず、遺産相続 [9] で10年間骨肉の争いをしたといわれている。

> 「しょんぼりと雀にさえもまま子哉」　　『新訂　一茶俳句集』[10]

雀を見てそれがまま子だとは思わないが、一茶は少し痛んでいる雀を見るとそれはまま子だと思い、雀であってもまま子がいるのだと自分の人生と同期しようとしている。

> 「我と来て遊べや親のない雀」　　　　　『新訂　一茶俳句集』[10]

こちらに来て母を亡くした私と一緒に遊ぼう、親と離れてしまった子雀よと、自分が6歳の時のことを思って書いたものである。通常は雀をまま子だとは思わないが、自分の幼少の頃を回顧して詠んだものと考えられる。

「亡き母や海見る度に見る度に」　　　『新訂　一茶俳句集』[(10)]

　海を見るたびに死別した母を思い出し詠んだものと考えられる。「うみ」を「産み」とたとえて産みの母を想い、壮大で自分を包み込んでくれる海を見て実の母の偉大さ、優しさを、懐かしさを表していると考えられる。

　一茶は、どれも母を失って生きていかなければならない悲しみを詩にしていると考えられる。
　その後、52歳で結婚し4人の子供にも恵まれたがその子は次々に亡くなっていき、妻（菊）も死亡する。

「名月をとってくれよと泣く子かな」　　　『新訂　一茶俳句集』[(10)]

「人の来りて「わんわんはどこに。」と言えば犬に指し、
「かあかあは。」と言えば鳥に指差す様、
　口元より爪先まで愛情に溢れて愛らしく…」
　　　　　　　　　　　　　　　『新訂　一茶俳句集』[(10)]

「めでたさも中ぐらいなるおらが春」　　　『新訂　一茶俳句集』[(10)]

　これらは、自分の娘（さと）の成長の喜びと、さとが1歳で死んでいく悲しい様を描いたものである。

「露の世は露の世ながらさりながら」　　　『新訂　一茶俳句集』[(10)]

　妻（菊）の死に立ち会って、終の世は終の世であるということを悟って生きることが「無常」であるということを理解しているが、「さりながら」それでも悲しみは超えることができないという、「無常」の厳しさを詠んだ俳句であると考えられる。

　一茶は幸せな家庭を夢見ていたが叶わず、その思いを率直に人間味溢れる言葉で表している。人々が一茶の俳句に共感できるのは自分の悲しみにより、相手に対する最も深い理解が生じていると考えられ、ホスピタリティ精神において基盤として存在する人間らしさを醸成するものであるといえる。

　同様に悟りを開いた空海であっても一茶と共感する部分がある。子供の頃から苦楽を共に歩み将来を期待していた最初の弟子、智泉が死んだときの空海の心の想いである。

> 「哀しい哉（かな）　哀しい哉
> 哀れが中の哀れなり
> 悲しい哉　悲しい哉
> 悲しみが中の悲しみなり
> 哀しい哉　哀しい哉　復（また）哀しい哉
> 悲しい哉　悲しい哉　重ねて悲しい哉」
> 　　　　　　　『亡弟子智泉が為の達嚫文』[11]

　哀しい、悲しいの連呼でありこれが悟りを得た人が感じ、表現する言葉なのかと疑問にさえ思う文章である。しかし、空海は感情が高まり、押さえきれずこの言葉が溢れている。空海の悲しみはとても深いものであったことがわかる。悟りを開けばこの世の悲しみ驚きはすべて迷いが生み出す幻にすぎないことは空海にはわかっているはずだが、それでも智泉との別れには涙を流さずにはいられないという人間らしい心が表出されている。

　悟りを得ることなどできない凡人のこころにも寄り添い、励まし、どのような困難に出会っても、再び立ち上がってゆく勇気を与え、自分自身で

前に進んでいくことができるように働きかける力は空海の人間らしさから成立していると考えられる。

　悟りを得て、高い所から、悟りとはこういうものだと説法をしたとしても、何も救いにはならないのである。

▲■❷新美南吉（1913年－1943年）の持つ悲しみ

　渡邊正八は母が４歳で亡くなり、父の実家に預けられ育った。その後、父が再婚し実家に戻されたが異母弟ができ、辛い日々を送っていた。８歳の頃に実母の実家の跡継ぎが亡くなったため、新美家と養子縁組をさせられ養母と二人暮らしを始めたが寂しさに耐えきれず父のもとに戻った。しかし、正八の姓は新美のままだった。旧制中学に入学し様々な雑誌に作品を投稿するようになり、この頃からペンネームとして新美南吉を使うようになった。そして、30歳で命を閉じた。

『ごん狐』(12)新美南吉（あらすじ）

　ひとりぼっちでいたずら狐の「ごん」は、兵十が捕ってきたウナギを盗んでしまった。ところが、このウナギは兵十が病気の母に食べさせるためにとらえたウナギであったことを知る。その後、母に死なれてひとりになった兵十を気の毒に思い、ごんは償いとしてまつたけや栗などを兵十の家に投げ込んでいた。ある日ごんが栗を持って兵十の家に行ったとき兵十に気付かれ、「いたずらをするつもりだな」と兵十は、ごんを鉄砲で撃ってしまった。栗を持っているごんを見て「おまえだったのか…」ごんはぐったりとしながらうれしい気分になった。

　小狐ごんの様子から始まるが、ごんが幼くして母親と離別してひとりぼっちでいることがわかる。さらに兵十の母の死と、ごんの死の描写が２回

ある。また、兵十が母を亡くして一人になってしまったとき、親がおらず同じく一人ぼっちだったごんが、何かしらの共感を抱いたと考えられることもこの贖罪（しょくざい）の背景となっており、新美南吉の幼少時代の人生と融合していることがわかる。

　1998年、上皇后（当時の皇后美智子）は、インドのニューデリーで開催されたIBBY[13]（国際児童図書評議会）の世界大会に招かれ、ビデオテープによる基調講演をされた。講演のテーマは、「子供の本を通しての平和　子供時代の読書の思い出」である。思い出の最初にお話になったのが、新美南吉の『でんでんむしのかなしみ』であった。

『でんでんむしのかなしみ』[14] 新美南吉（あらすじ）

　そのでんでん虫は、ある日突然、自分の背中の殻に、悲しみが一杯つまっていることに気付き、友達を訪ね「もう生きていけないのではないか」と自分の背負っている不幸を話す。友達のでんでん虫は、「それはあなただけではない、私の背中の殻にも、悲しみは一杯つまってる」と答える。でんでん虫は、別の友達、又別の友達と訪ねていき、同じことを話すが、どの友達からも返ってくる答えは同じだった。そして、でんでん虫はやっと、「悲しみは、誰でも持っているのだ。わたしばかりではないのだ。わたしは、わたしの悲しみをこらえていかなきゃならない」そして、このでんでん虫はもう、悲しみを嘆くのをやめた。

　これは、キサーゴータミーの逸話『尼僧の告白』[15] と類似したものであるといえる。
　『ダンマパダアッタカター』が原文となる『尼僧の告白』では、息子を失ったゴータミーが悲観に暮れて息子を生き返らす薬を求めて釈尊のもとを訪ねる。釈尊は一人も死人が出たことがない家から白いケシの実を貰っ

てくるように言う。これを聞いたゴータミーは釈尊がケシの粒から子供を生き返らせる薬を作ってくれると思い、町中の家を尋ね歩いた。しかし、「うちは数年前に親を亡くした」とか、「私も去年、子供を亡くしたばかり」などという話を聞くばかりで、ついにケシの実を得ることができず、多くの家を訪ねたゴータミーは死はどこの家にもあることに気付かされる。このような話を聞きながらゴータミーは次第に心の平静さを取り戻し、自分の命と思っていた子供の死を受け入れていった。

　自分の子供だけが死んだものと思っていたが、死者の方が生きている人よりもずっと多いことを認識する、という内容である。このキサーゴータミーの逸話は「不死の境地を見ないで百年生きるよりも、不死の境地を見て一日生きることのほうがすぐれている」という法句経114の偈との関連がある。

　『でんでんむしのかなしみ』も『尼僧の告白』もどちらも、悲しみ、苦しみ、悩みは誰もが背負っていて、その荷を軽く感じるか重く感じるかは自分次第であるという内容である。

　誰でも悲しみを抱えて生きている。明るそうに見える人、元気で何の苦しみもない人のように見えても、実は誰しも悲しみを抱いているのである。悲しみと苦悩の真っ最中にいるときは、自分だけが苦しんでいると思いがちであるが、こんなとき、「自分だけではない」と考えるだけで、心が落ち着くものである。自分に悲しみがある以上、自分は一生不幸だと暗くなることもある。プラスもマイナスも両方を背負いながら、生という営みを続けている限り、悲しみも抱えながら生きていくということを受け入れたことを書いている。

　両者の内容は、他人と関わることの必要性について説いているが、相手がわかってくれない、関わることが辛いから関わらないという人も存在するが、他と関わることによって癒やしが存在する。『でんでんむしのかなしみ』において、殻の悲しみを話してくれた他のでんでんむしが本来は主人公であり、無条件に自分の悲しみを話す他のでんでんむしの存在が大きなものとなっている。主人公のでんでんむしは自分で、誰しも悲しみがあ

るということを一人で気付いたのではなく他のでんでんむしとやり取りされたことの中でとても大切なものがあったはずである。同様に、キサーゴータミーにおいても子を失い傷心した若い女性が、ぼろぼろの服装で1日中何キロも先の家を訪ね歩く様は、訪問された家では言葉と共に、乳粥(ちち)(がゆ)、果実、服なども差し出したと想定される。これが相互扶助という互恵の精神であり、両作品共にホスピタリティのゴールとする相互開発、相互発展の関係性を表したものであるといえる。

3 金子みすゞ（1903年－1930年）の持つ悲しみ

　金子みすゞの父はみすゞが3歳のときに死亡する。みすゞは女学校を卒業するまでは祖母のもとで暮らし、のちに叔父と母が再婚したことにより同居することとなる。23歳の時に結婚し2人の娘をもうける。その後、夫は女性問題を原因に店を解雇となり、その腹いせにみすゞに対して執筆活動の停止、交友関係の破棄を迫り、さらに淋病(りんびょう)を感染させた。このような仕打ちを受けたみすゞは離婚を願い出るが親権要求で夫と長期間の争いをした。離婚申請の同年、26歳のみすゞは娘を自分の母に託すことを懇願する遺書を遺し服毒自殺を図った。元夫へ宛てた遺書もあり、かなり辛辣な言葉で書かれているとされている。

　このように、みすゞは無念の人生を送り、その時々の悲しみの生涯を詩に託していたと思われる。自分が悲しみに出会うことにより相手の悲しみに気付き、悲しみで心が響き合うことが相手の痛みを受け入れることになる。

大漁(16)

朝やけ小やけだ
大漁だ
大ばいわしの
大漁だ。

はまは祭りの
ようだけど
海のなかでは
何万の
いわしのとむらい
するだろう。

出典：金子みすゞ童謡集
『わたしと小鳥とすずと』
JULA出版局

一つの出来事に対しては様々な捉え方がある。大羽いわしの大漁を祝う浜の喜びと、家族、仲間を獲られたいわしを弔う海の中のいわしの父母、兄弟、子の悲しみについて詠んでいる。

　喜びのあるところには必ず悲しみがある殺生を表していると考えられる。

　我々は日々殺生をして生きている。しかし、飼い犬、猫についてはかわいそうだという印象を抱き、その中で大漁の魚をどのように考えるのか、人は食用としての牛、豚、鳥に関して命の重さをどのように感じるのか。これらが人として考察してゆかねばならないホスピタリティの原型をつかさどるといえる。

すずめのかあさん⁽¹⁷⁾

子どもが
子すずめつかまえた。

その子の
かあさん
わらってた。

すずめの
かあさん
それみてた。

お屋根で
鳴かずに
それ見てた。

出典：金子みすゞ童謡集『明るいほうへ』JULA出版局

　「すずめのかあさん」の中で、その子のかあさんは、小すずめを捕まえた元気なわが子に対しての喜びがあり微笑ましく思っていることを表現しているが、すずめのかあさんは、わが子が捕らえられた悲しさと失意の念に駆られている。そして、その行為者に立ち向かい子供を救うことができない立場の悲しみを表している。

　みすゞは、「小さなもの、力の弱いもの、気付かれないもの、忘れがちなもの」を詩として取り上げ焦点をあてている。弱いもの、小さなものは、一般に見すごされているが、みすゞは「それに気付く大切さ」を提示し、主題として結論付けている。

　人はそれぞれに自分の物差しを持っていて、それに合わないもの、計算できないもの、あるいは、目に見えないもの、知らないものを否定したり、遠ざけたり、無視することがある。しかし、この世の中には、自分の考えが及ぶことと及ばないこと、見えるものと見えないものの二つで一つを構成していることに気付くことが大切である。その二つがあってこそ初めてすべてが成り立つのである。

　金子みすゞは、しっかりとその両方を見る目を持っていた。そして、見えないものの中にこそ大切なものがあり、真実があるのだということを詩を通して伝えたかったのではないかと考える。

3 悲しみの克服

■1 感情と悲しみ

　悲しみの克服は聞いてもらうこと、聞かせてもらうことと、話すことの両方を往復することが必要である。文芸理論上の「ストーリー」とは異なり自分自身の「物語」を語ることを「ナラティブ」という。心理・医学の領域でケアや治療を目的としてPTSDの治療の場や家族療法や当事者同士のピアトークなどで使われている。悲しみを分類する時のカテゴリーを大きく分けるとナラティブではそれを自分に向けて責めるのか相手に向けて責めるのかの二方が存在するといわれ、悲しんでいる中で自分の中の罪悪感は内にあるのか外にあるのかを眺めることによって悲しむことが大切である。

　フロイトも『対象喪失論』(18)において、悲しみによって鬱に入る場合と、現場に戻ってこられる境目は何かを検証した。病気としての鬱病は苦痛に満ちた不機嫌、外界に対する興味の喪失であり、周りに自分のことを思いやってくれる人、支援しようとする人がいても、関わり合おうとしない。人を愛する能力の喪失があるとした。

　自我感情の低下によって悲しむということは誰が死んだかは認識しているが、その人が死んだことによって「自分は何を失って悲しんでいるのか」がわからない。その人の姿を見ることができないことが悲しいのか、その人と会話ができなくなったことが悲しいのか、その人と旅ができなくなったことが悲しいのかといった悲しみの原因がわからないと心の穴が永遠に塞がらないのである。これらは他者からの問いかけによって原因は早期に発見される。原因がわかればその一つひとつを自分自身で解釈をして意味付けをして埋めていくことをすれば早期に現場に戻ってこられる。ロゴセラピーやナラティブ・アプローチの基盤はここにあり、他者からの視

点やアドバイスが重要であると考えられる。

　相手の悲しい話を聞くときに、人の痛みに自分の心が開けないと相手に同情するだけであり相手をさらに悲劇の主人公にしてしまい痛みを増長してしまう傾向が強い。そして聞き手が、痛みを感じるのが嫌だと防御体制を築き否定論を相手に投げ非難中傷となる。これは相手と自分にとっての痛みなのだと心を開いて受け入れることが必要であり、具体的には共に泣き、叫ぶことによって両者で表現し味わうことが重要であるといえる。

　現代人は悲しみを分かち合うことが下手だといわれ、同時に喜びを分かち合うことも下手であるといわれている。柳田國男は『涕泣史談』(19)において人間が泣くことの歴史を民俗学的手法で解読している。泣くことは、「簡明かつ適切」な一種の表現手段であるから、泣くよりほかに表現手段を持たないときに泣くし、声をあげて泣くとしている。柳田は「親が子供に泣いていてはわからないからその理由をきちんといいなさいと叱る。最近そういう風潮があり、それはすべて言葉にすることが可能であると皆が思い込みすぎているのではないか。ひとは言葉にしがたい思いを抱くから泣くのである。(20)」としている。

　声を出して泣くという意味で昔の人は声を出して泣いた。過去には「泣き女(21)」という職業も存在し、葬儀の時に、遺族の代わりに故人を悼み、「悲しい」「辛い」「寂しい」などを表現するために大々的に、延々と泣きじゃくることを生業としていた。涙は死者への馳走であるとされ、泣かなければ死者には届かない。お互いが音を出して声を出して互いが響き合うことによって心が安らかになる。人は過去からこのような経験をしていたが現代の社会ではそれはしづらくなってきた。

　例えば、昨今のお悔やみの言葉は上品で失礼ではない文脈となっているが自分も悲しんでいるという気持ちが伝わってこない。昔の人は一緒に大泣きすることによって気持ちが伝わったといえる。子供がニュース番組のインタビューで大人のようにうまく答えていても、子供としての心がこもっていないと感じられることがある。これが現代社会の特性といえる。

🚩❷ホスピタリティによる悲しみの克服

　言葉は音と文字で伝わるが、音で伝える言葉と文字だけで伝えるものは違い、音でこそ伝わるものがある。メールによってコミュニケーションが豊かになったのではなく実は心は貧しくなり心が閉ざされている側面がある。その結果として、人と分かち合うことがうまくできなくなっている。

図表6-1

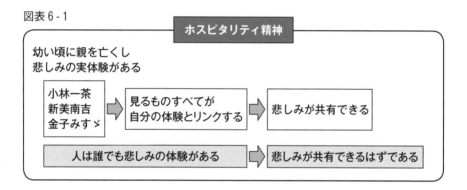

　人生のベースは「私がいることで相手が喜んでくれる存在になること」であり、相手の苦しみ、辛さに気付いてあげること、相手に支えてもらっていることを認識することである。どのような私なら相手を強く支えることができるのかを考え、支えようとする私の支えを強化していくことが求められる。良いアドバイスだけでは人は支えにはならないものであり、自分を理解してくれる人の存在があって初めて支えを実感できる。

　小林一茶、新美南吉、金子みすゞは幼少期において肉親を失い、その後悲しみの中で生きてきた。その体験によって見るものすべてが自分の悲しみと共有でき、他者の悲しみが理解できる。そして、その悲しみを詩としてオープンにすることによって他者の支えとなっている。人は誰しも悲しみの経験があり他者と共有できるはずである。その心を素通りすることがホスピタリティにおける人間性の喪失であるといえる。人として人間らしさを持って生きることがホスピタリティのアイデンティティを持って生き続けることであるといえる。

4　道徳から人倫と社会倫理を解く

　道徳の教科書に『星野君の二塁打』[22]という単元がある。「学校図書」や「廣済堂あかつき」から刊行されている 6 年生の道徳教科書などに収録されている話である。

　あらすじは以下の通りである。

『星野君の二塁打』[23]

　星野君のチームは少年野球チームで隣町の野球チームと 1 点を追いかける試合をしていた。最終回の 7 回裏、星野君の打席となった。

　ピッチャーの星野君は同点で迎えた最終回、監督から先頭打者を「バントで二塁に送れ」と指示が出た。しかし、その命令に納得できないままにバッターボックスに入った星野君は、「打てる」と思ってバントをやめて二塁打を打ち、チームは逆転勝利して市内野球選手権大会出場を決める。

　翌日、監督が選手たちを呼んで話した。

　「僕が監督になったとき、チームの規則を決めた。いったん決めた以上は、厳重に守ってもらう。チームの作戦として決めたことは、服従してもらわなければならない。だが昨日、星野君の二塁打はチームの統制を乱したことになる。」

　「規則を破り、チームのまとまりを乱した者（星野君）を、大会に出すわけにはいかない。」「星野君が出場できないことで、ぼくらは大会で負けるかもしれない。しかし、それはしかたのないことと思ってもらうよりしようがない。」

　「いくら結果が良かったからといって、規則を破ったことに変わりはない。いいか、みんな、野球はただ勝てば良いというわけではない。健康なからだをつくると同時に、団体競技として、協同の精神を養うためのものだ。犠牲の精神がない人間は、社会に出たって、社会を良くすることなんかはできない。」「星野君、異存はないな。」と聞き、星野君は「異存ありません。」と答えた。

　「廣済堂あかつき」の設問では、「星野君の取った行動を通してきまりを守り、義務を果たすことの大切さについて考える」と記載されている。

学習指導案においては、「監督の話を聞いている時の星野君の気持ちを考えることを通して、きまりや規則を守ることで安心して生活できみんなで楽しく暮らしていけることに気づき、自分たちで決めたきまりは進んで守ろうとする態度を育てる。」とし、「とかく勝てばよいと安易に考えてしまいがちな子どもたちにとって、集団生活・集団行動において規則やきまりはなぜあるのか、なぜ必要なのかを深く考えさせることができる資料である」とされ、「約束や規則の尊重」という項目に置かれている。さらに、「だれもがきまりを守らず、義務を果たさなかったらどんな世の中になるのでしょうか」という問いもある。

　この『星野君の二塁打』を九州文化学園の古賀監督を含む長崎県の高校球児と監督約50人が読んだ結果、「監督が正しい[24]」が約8割となった。「チームの約束を守っていない」「ヒットは偶然」という声が多く、「監督からの指示を守らなかったことはあるか」と聞くと、高校球児で指示を無視した選手は、ほとんどいなかった。

◀■1倫理と人徳の課題

　しかし、この場合、倫理と人徳という観点から俯瞰して検討しなければならないことは以下の要件である。

- 監督が口頭で発した言葉が明文化した規則になるのか
- 規則を決める際、メンバーから意見を聴いて議論が行われたのか
- ペナルティはメンバーに提示され事前に徹底されていたのか
- 監督が規則を作り監督が規則を執行することは正しいか
- 市内野球大会出場停止というペナルティは彼がとった行為としてふさわしいものか
- 少年野球の目的は規律の遵守やチームワーク向上を養うためだけにあるのか
- 少年野球における野球を楽しみ、勝つ達成感を味わうという行為の優先順位はどこに置かれるのか
- そもそもバントで二塁に送るという指示は正しい戦術だったか
- この監督は人間的に優れ、正しい意思決定と思考を兼ね備えた人なのか

　教科書では、星野君の行動は間違っており監督の指示に従うことが「正解」であると読み取れるような内容となっているが、スポーツの世界でも企業組織においても上位の意思決定が間違っていることは多々存在する。一般に約束を守ることは道徳的であるが、ある特別な規則については必ずしも道徳的ではないこともある。例えば反社会的勢力のトップが部下に違法薬物の販売を命じ、その組織内における上下関係を主体とした暗黙な規則に従い違法薬物の取り扱いをすることが道徳的であるとはいえない。要するに、道徳的でない規則を守っても道徳とはいわないのである。教科書においても、監督の作った規則と指示が道徳的かどうかを問われなければならず、星野君がどうかを議論しても意味がなく道徳とは無関係であるといえる。

▶2 監督の人徳の問題

　監督が発した言葉に、

　　　「野球はただ勝てば良いというわけではない。健康なからだをつくると同時に、団体競技として、協同の精神を養うためのものだ。犠牲の精神がない人間は、社会に出たって、社会を良くすることなんかはできない。」

という文章があるが、これは監督の思想と価値観を述べたものであって道徳とは無縁である。この考え方を少年野球のチーム内に適用するのか、道徳という規則に適用するのかによって結果が大きく左右されてしまう。そもそもこの思想と価値観自体の論理性と人間性を疑う余地が出てくるため、いわゆる監督の人としての生き方や人間らしさを問うことになる。

　原作が描かれた1947年の時代背景は第1次吉田内閣[25]、日本国憲法が施行された年[26]でもあり戦後の混乱がいまだ続いていたことから監督の思想と価値観が構築されたものと想定できるが、同時代性ということから考えると、時代を超えて普遍的でないものは道徳とはいえないと考える。

　日本では天皇の下、民衆一致国のもと明治憲法が制定され、明治31年

（1898年）民法には、以下のように家督相続の順位として明文で規定されていた。「1．家は、戸主（家長）とその家族によって構成される（旧732条）」「2．家族は家長である戸主の命令・監督に服する。その反面、戸主は家族を扶養する義務を負う（旧747条）」とあり、家督相続は旧970条において原則として長男が単独相続することになり、配偶者や他の親族には相続権はなかった。これは戸主が家を守るという法案を思考した個人の考えと、これを立法した一部の人の考え方で法律化されたものだといわれている。報恩（親孝行・忠君など）という儒教的な道徳思想の一派がこの体制を支え、家長が絶対のものとされてきた経緯がある。明治時代はこの決まりごとが道徳であり遵守することが必要とされていた。しかし、この家督相続制度は1947年（昭和22年）の民法改正で廃止され、法定相続制度が導入された。これにより配偶者や長男以外の子供にも相続権が与えられ、年齢や男女を問わず均等に財産を分ける「諸子均分相続」が始まった。明治時代の道徳の考え方が完全に否定されたのである。

　これが慈雲尊者のいう「一切世間のありとほり」の法、または「自然法爾」の法が正しい道徳であって、人が考えて作り出した作為的なものは外道、または僻解とみなし普遍的ではないという所以（ゆえん）である。

　文脈は監督自身がバントの指示を出したことが正しいということを前提としたものであるが、星野君は二塁打を打って勝利を収めていることから、監督が自分の判断の間違いを潔く認め称賛をすることが人の上に立つ人徳を備えた人間のあり様ではないだろうか。監督の指示に背いたからといってそれが非道徳的だとは一概に決めつけられない。むしろ、監督の価値観の押し付けの方が「非道徳的」であり「独裁的」であると捉えることもできる。

　ジョン・スチュアート・ミル（1806年－1873年）は『自由論』において独裁に反対するために「われわれはなるべく変わった人になるのが望ましい[27]」と主張した。つまり世界の中で「私であること」の意味を強く肯定した。『自由論』によって各人の自由を重視し、

　　・良心の自由

- 意見を表明公表する自由
- 趣味と職業の自由
- 個人間の結合の自由
- 思想と討論の自由

を定義した。暴虐な政府に対して「出版の自由」を擁護する必要はもはやないとして、重要なのは民衆が他者の意見を統制しないことであり、少数意見を「中傷」することは反対意見を発表・傾聴する気を失わせるので「真理と正義」のためにこれを取り締まるべきであるとした。そして、幸福の一要素として、私生活における自己「個性」を発揮することを幸福として、他者の「伝統か慣習」に束縛されることを不幸と位置付けた。ミルは個性の権利を主張し「強制的同質化」に抵抗し「生活を一つの画一的な型にはめ込む」ことを阻止したのである。そこには、自分自身の「完全な自由」が存在している。

　その背景には多数者の暴政があり、快楽ばかり求め似たような考えで少数派を弾圧していたことにある。

◤▶ 3 人が行う思想操作

　奈良女子大文学部の功刀俊雄教授は、『星野君の二塁打』の議論の発端は教科書において星野君の最後の言葉が削られた点にあるという。「原作では、出場禁止を言い渡した監督が『星野君、異存はあるまいな』と聞き、『異存ありません』と答えたという記述があるが、最近の道徳の副読本や教科書には、この場面が削除されている。(28)」としている。本来なら星野君自身が反省し規律を破ったことに対して潔く非を認めたのだから話はこの時点で問題なく完結しているはずである。功刀氏は「作者の吉田甲子太郎はこの作品を通じて、真摯に反省することの大切さを伝えたかったのでは(29)」としている。

　しかし、この部分が恣意的に削除されたことによって道徳の教科書では、「星野君が約束や規則を破った悪いお手本とされてしまう」と指摘する。

道徳という人として大切なものを教育する場において、思想的な働きかけを持って原文の一部を削除し、主旨を曲げてしまうことが横行しているといえる。

　物語上の監督の思考を考察するまでもなく、原作の趣旨を変えてしまう編者、その変更された趣旨を強制する政府、教員等の人間らしさはどのような回路になっているのか。人として道徳をどう捉えるのかをホスピタリティ精神における人倫の課題として再検討させられるものであるといえる。

図表6-2

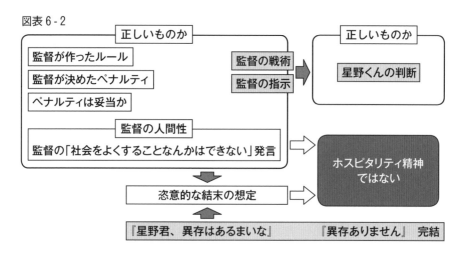

第6章 ここまでのまとめ

1. 人は「慈しみ」をポジティブに願うが、「悲しみ」はなければよいという側面がある。しかし、悲しみこそが人の心に響くことがある。

2. 「無常」とはサンスクリット語「anitya」を語源として、万物は生滅流転し、永遠に変わらないものは一つもないということを意味する。

3. 「無常」を謳う文芸は世界中に存在し、無常の表現は「人形浄瑠璃」や「歌舞伎」の中にも満ちている。

4. 人々が一茶の俳句に共感できるのは自分の悲しみにより、相手に対する最も深い理解が生じていると考えられ、ホスピタリティ精神において基盤として存在する人間らしさを醸成するものであるといえる。

5. 主人公のでんでんむしは自分で、誰しも悲しみがあるということを一人で気付いたのではなく他のカタツムリとやりとりされたことの中でとても大切なものがあったはずである。

6. この世の中には、自分の考えが及ぶことと及ばないこと、見えるものと見えないものの二つで一つを構成していることに気付くことが大切である。

7. 人は言葉にしがたい思いを抱くから泣くのであり、すべてが言葉にできるとは限らない。

8. 言葉は音と文字で伝わるが、音で伝える言葉と文字だけで伝えるのとは違い、音でこそ伝わるものがある。

9. 道徳的でない規則を守っても道徳とはいわない。

10. 時代を超えて普遍的でないものは道徳とはいえない。

▶第6章　参考文献

（1）悲嘆の日々を過ごしている人に寄り添い世話をすることで、その深い悲しみから立ち直させること

（2）終末期において表れる「自分はなぜ生きているのか」「自分の人生の意味は何か」「なぜ自分が死ななければならないのか」「死んだあとはどうなるのか」といった問いは、人生そのものに対する苦痛であり、それを緩和ケアでは「スピリチュアル・ペイン（魂の痛み）」と表現する。

（3）「人間らしさ」「自分らしさ」を取り戻す心のケアのことをいう。
特定の宗教やテレビで目にする、守護霊や先祖の声を伝えてくれるスピリチュアルカウンセリングとは異なる。WHOは1998年、健康の定義にスピリチュアルを追加して検討しているように、世界的にも認められ、専門分野として確立されている。

（4）「いささか所労のこともあれば、死なんずるやらんと、こころぼそくおぼゆることも、煩悩の所為なり」『歎異抄』　第9条

（5）「なごりおしくおもえども、娑婆の縁つきて、ちからなくしておわるときに、かの土へはまいるべきなり。」『歎異抄』（『真宗聖典』p.630）

（6）文政10年（1828年）、現新潟市三条を襲った大地震

（7）良寛『杜皐宛書簡』『定本　良寛全集　第三巻』　書簡集/法華転・法華讃、中央公論新社、2007年

（8）良寛前掲（7）　第三巻

（9）高橋敏『一茶の相続争い　北国街道柏原宿訴訟始末』　岩波書店、2017年

（10）丸山一彦 校注『新訂　一茶俳句集』　岩波文庫、1935年

（11）『性霊集』巻八、「亡弟子智泉が為の達嚫文」

（12）新美南吉『校定新美南吉全集10』　大日本図書、1981年

（13）IBBY（国際児童図書評議会）は、1953年の創設以来、2年に一度世界大会を開催し、基調講演、分科会、IBBYが主宰する各賞の授与式、総会などが行われ、世界中で子供と本をつなぐ人たちの交流の場となっている。

（14）新美南吉『校定新美南吉全集3』　大日本図書、1981年

（15）中村元（翻訳）『尼僧の告白 テーリーガーター』　岩波書店、1982年　p.108
原文は『ダンマパダアッタカター』8・13

（16）金子みすゞ童謡集『わたしと小鳥とすずと』JULA出版局、1984年

（17）金子みすゞ童謡集『明るいほうへ』JULA出版局、1994年

（18）自分にとって大切な人や、自分の身体の一部を失った際に生ずる、心の外傷体験を「対象喪失」とした。

（19）太平洋戦争開戦前夜に柳田國男が行った講演『涕泣史談』は、明治維新以降、日本が近代化への道を歩むにつれて、人々が顕著に泣かなくなった、ということを明らかにした貴重な資料

（20）柳田国男『遠野物語』　集英社文庫、1991年

（21）泣き女（なきおんな）または泣女（なきめ）または泣き屋は、葬式のときに雇われて号泣する女性である。哭き女、哭女とも書く。現在の日本では職業としては存在しないが旧習として存在し、中国、朝鮮半島、台湾をはじめとして、ヨーロッパや中東など世界各地で散見される伝統的な習俗で、かつては職業としても存在した。

（22）原作は児童文学者の吉田甲子太郎（1894年 – 1957年）。奈良女子大文学部の功刀俊雄教授
　　　によると、47年に雑誌「少年」に掲載され、50年代から小学校の国語の教科書、70年代から
　　　は道徳の副読本に使われてきた。道徳の教科書に「規則の尊重」「集団生活の充実」などを
　　　テーマにした教材として収録した出版社もある。

（23）『星野君の二塁打』（「学校図書」6 年、p.20、「廣済堂あかつき」6 年、p.94）

（24）『道徳の「星野君の二塁打」似た経験　監督は采配を変えた』　朝日新聞デジタル、2018年
　　　7 月13日、長崎県の高校球児と監督約50人に読んでもらった結果

（25）第 1 次吉田内閣は、外務大臣・貴族院議員の吉田茂が第45代内閣総理大臣に任命され、
　　　1946年（昭和21年）発足

（26）日本国憲法は、現在の日本の国家形態及び統治の組織、作用を規定する憲法。民定憲法
　　　として昭和21年（1946年）11月 3 日に公布され、昭和22年（1947年）5 月 3 日に施行され
　　　た。

（27）ジョン・スチュアート・ミル著、塩尻公明（翻訳）『自由論』　岩波文庫、1971年

（28）功刀俊雄『小学校体育科における「知識」領域の指導：教材「星野君の二塁打」の検討（二）』
　　　奈良女子大学教育システム研究開発センター、2008年、p.56

（29）功刀前掲（28）　p.59

第 7 章

国際的な視野で
ホスピタリティを検証する

　　日本から世界に目を向けてみると、人財開発に向けて発信される
メッセージは、マインドに関するものに傾倒しホスピタリティ概念
と融合するものが多く、現代の時代背景にホスピタリティの必要性
を感じさせることがわかる。

　　そして、オリンピック・パラリンピックというと選手たちは決め
られたルールを守り、正々堂々と競い合うフェアプレー精神が求め
られるものと考えがちであるが、その根底にはホスピタリティマイ
ンドに酷似した要素が多く見られることがわかる。

　　イノベーションもホスピタリティと同様に固定された概念に縛ら
れず、広く突き詰めることによりイノベーションのあり方が見えて
くる。

1 ATDにおける人材育成の方向性

ATD[1] (Association for Talent Development) とは米国で毎年1回催される人材開発における世界最大のカンファレンスである。

世界中から毎年1万人以上の参加者が集まり、企業やエキスパートの生み出したベストプラクティスや、示唆・洞察を共有する場である。参加者のうち約30％は米国外からの参加者であり、日本からは毎年260名以上が参加している。会期中は300以上のセッションが開催され、まだ現場への応用法が確立されていない新しい人材開発アプローチの紹介から米国系企業を中心とした「人が強い」組織で実践されている人材開発ソリューションの事例、機能進化を続けるツール類のデモンストレーションまで、セッション内容は多岐にわたる。また期間中開催されている展示会では、ITツールを中心にした世界のベンダーの最新のサービス・商品に触れることができる。さらに、交流ラウンジやATD-ICE主催の交流イベントを利用して、世界中から集まる人事プロフェッショナルと情報交換し、視野を広げることができる場である。

本書ではワシントンD.C.で行われた2019年第76回ATD International Conference & Expositionでの基調講演と、その中で発信されたメッセージについて共有する。その内容はホスピタリティ概念と融合するものが多く、現代にホスピタリティの必要性を感じる。

◀ 1 体の奥から生まれる感覚を大事にする

オプラ・ウィンフリー[2]は1954年、ミシシッピ州に生まれる。全米及び世界140カ国で「オプラ・ウィンフリー・ショー」として放送される番組の司会者である。同番組は、昼間のトーク番組で最も高い視聴率を記録した。

彼女は、テレビドラマや映画にも多数出演し、女優としてアカデミー助

演女優賞にノミネートされたこともある。

　子供時代は、祖母・父親・母親のもとを転々として育った。9歳から親戚に性的虐待を受け、14歳で出産。子供は1週間後に病院で亡くなっている。このことから自身の番組で子供への性的虐待をテーマに挙げることも多かった。このことから心の中に「悲しみ」を持つ一人であると考えられる。

　また、「タイム」誌が世界で最も影響力のある人物の一人としてオプラを取り上げており、「ヒラリー・クリントンの次に女性大統領になる人物」とまでいわれていた。2008年の米大統領選挙では、早い段階でオバマ候補への支持を表明。その後のオバマ旋風のきっかけの一つになったとされている。

　オプラはこれまでの人生を振り返りながら「自分を大切にできない人は仕事も他者も大切にできない」「答えは自分の心の中にある」「見て見ぬふりをすることをせず、自ら行動すること」そしてキーメッセージとして「自分の人生を使って、他の人・世界にどのように貢献できるか？」ということを伝えた。

　オプラはGet Feeling（理屈では説明の付かない体の奥から生まれる感覚）という言葉を使い「生きていく中で様々な事態に陥ることがあるが、その時には理屈では説明のつかない体の奥から生まれる感覚を大事にすること。それは、『直感』や『本能』ではなく、自分の感じたことを大切にすることである。」というメッセージを発信した。

　人間らしさから表出される人としての正しい道が、理屈では説明の付かない体の奥から生まれるものであるとしている。あえて感じようと心がけなければ、体の奥から生まれる正しい感覚は心の悪い癖によってたちまちかき消されてしまうものである。

　そして、「Intention（自分の意図）という言葉は自分のやりたいことではなく、世界にどう貢献していくかを表したもの」であるとして相互支援の関係性も提示している。「自分は世界にどのように貢献できるかをしっかり考えその瞬間瞬間に目を向け直感的に感じるほどに考え抜くことを大切にして生きなさい。」と伝えた。

冒頭でオプラは、「自分自身が常にTruth Seeker（真実を追い求める者）であった。」と回想し、「真実に出会うときは自分の中の何かと共鳴していた。」と述べた。「番組の中で話すことは、目新しいことではなく、視聴者がすでに知っていることの『思い出し』である。」とし、「長期間にわたり続いた自分のトークショーが成功した要因も、視聴者がそこにオプラではなく、自分の真実を見るからではないか。」と語った。番組が触媒となり、他者のストーリーやアイデアの中に自分の真実を見つけ、共感して「これで良かったのだ」と確認している。その「真実の確認（Validation）」こそが、誰もが求めている真のホスピタリティ精神そのものの解答なのではないかと考える。

　オプラはこれまで体験した自分の失敗について、「これまで経験した失敗は、リーダーシップの選択をおろそかにした時、もう一つは自分の直感に従わなかった時に起こった。」と述べた。「南アフリカで女学校を立ち上げた時に、資質の高い学生を選ぶことに集中したあまりに学校のリーダーである教師やスタッフ等の選考に十分な注意を払わなかった。それが原因で、複数の女学生が教師から性的被害を受けるという問題が起きてしまった。」また、「学校スタッフを選ぶ際に『何かが違う』と感じたが、外国人である自分が異論を唱えることをためらってしまったことも、事件のきっかけをつくってしまった。」と考えている。

　その反省からオプラが人を採用する時にはスキルよりもキャラクターを大切にして、面接では「スピリチュアル・プラクティス」について質問している。これは宗教や精神世界の話ではなく、「自分自身を整えることができるか」であり、ホリスティック（Wholeness）な自分としてバランスを保ち、ベストな状態でいられるかというポイントを見ていることになり、スピリチュアル・ケアに通じることであるといえる。

　　Be thankful for what you have; you'll end up having more. If you concentrate on what you don't have, you will never, ever have enough.

　　「間違いなく言えるのは、人に与えたものは自分に戻ってくると

いうこと。今あなたが持っているものに感謝すれば、もっと多くの
ものを手にすることができる。もし、あなたが持っていないものを
気にしすぎたら、決して満足は得られない。」

Turn your wounds into wisdom.
「あなたの傷を知恵に変えなさい。」

という発言もオプラが持つ自分の中の「悲しみ」を持って、相手との関係
において共感性を発揮しているものと考えられる。自分の悲しみは相手の
悲しみに共感できるものである。

❷ 正しいと思う道を見つける

　セス・ゴーディン[3]（1960年－）は米国の起業家、マーケティングコン
サルタントであり、「パーミッション・マーケティング」（承認マーケティ
ング）という手法を広めた人物である。
　セスは2019年の第76回ATD大会において、産業界の事例を提示しなが
ら、「産業革命以降から続いている大量生産・大量消費モデルは今後の成
功はもたらされない。産業界における対象市場はWholeからSmall massに
変わり、購買手法もテクノロジーの進化とともに様々な手段を持つように
なった。そのためには長期的な人財開発をしていくことが大切である。し
かし、その労働者は過去から温存されている伝統的な学校教育において育
成されている。」と学校教育の仕組みの弱点を取り上げた。150年前にでき
た学校制度は現在でも学生を平均的な人間になるように教育して規則正し
い人を大量生産してきた。試験により属性の高低を判定しているがそれが
本当に必要なものなのか。実際には、そのような時代は終わり、「自らの
意思で思った道を進んでいける人財を育成することではないか。」と発信
している。
　Right Pathという言葉を使い、そのための教育は「何かの属性を身に付
けるのではなく、正しいと思う道を見付けること。」であると断言をした。

セスの教育に対しての思考は人として生きる道を全うさせることであるというホスピタリティの概念と融合したものと考えられ、時代を超え、国を隔てても普遍的な精神であるということを立証しているものであると考えられる。

　その際に、What do we make? という言葉がキーメッセージとなる。私ではなく、私たちという視点でものごとを捉え、正しいと思う道を見つけることは「私たちがやるべきことで世界にどう貢献するか」だというメッセージは、オプラと共通のものである。衆生の救済の重要性が両者のメッセージに含まれている。

さらに、

　　Our job is to see our misbelief and replace it with better belief, thoughtful belief, belief in things that actually work. No fooling.

　　　「決して、自分をごまかしてはいけない。自分に危害を及ぼすような考え方は手放そう。別のより良い考え方に置きかえよう。」

　　We wait for it to be the right moment, but this is the right moment.

　　　「正しい時を待つ必要はありません。今が、その時なのだから。」

というメッセージを伝えた。これら人の内面について触れるテーマは2014年まで行われてきたASTD[4]の時代では少なく、主に、スキルテクニックに関するものが大半を占めていた。欧米思想はロジカルなものであって、マインドに関しては置き去りになっていた時代が長く続いていたからである。マインドにおいてホスピタリティをベースとしたものが見直されてきた傾向が浸透してきたと捉えることができる。

◤ 3 マインドフルネス（瞑想）の活用

　2019年のATD-ICE大会では300を超えるセッションがあったが、リーダーシップ関連が最も多い48セッションであった。しかし、「リーダーと

してどのような行動を身に付けるか」というような外面的なアプローチよりも、「Self-awareness を高める」「マインドフルネス」といった、内面へのアプローチを紹介しているセッションが多く存在したことはトレンドの潮目の変化を感じさせる。

　発表において、リーダーシップにSelf-awarenessが必要な理由は、仕事でのパフォーマンスとEQ（Emotional intelligence Quotient；心の知能指数）に高い相関があり、EQを高めることがリーダーにとって不可欠であるとしている。EQが高い人は、他人の感情を察知する能力が高く、相手に合わせたコミュニケーションがとれる。EQを構成する要素は「Self-awareness」と「Other-awareness」であり、EQを高めるためには自分のことをメタ認知で捉え、客観的に観察し、自分が今どのように感じているのか、なぜそう感じているのかといった、悲しい理由、楽しい理由に意識を向けることにより、それらの感情にうまく対処できる。同様に他人の感情を理解でき、それを受け入れる力を身に付けることができるとしている。第6章で記述したフロイトの『対象喪失論』と合致した論理展開であり、自分の辛さや悲しみの原因を探ることが重要であるといえる。

　そして、「Self-awareness」を高めるための有効なトレーニング手法として、「マインドフルネス[5]」を取り入れる企業が急速に増えている。

　「マインドフルネス」（mindfulness）という言葉は、仏教の経典で使われている古代インドの言語の「サティ（sati）」という言葉の英語訳としてあてられたもので、「心をとどめておくこと」あるいは「気付き」などと訳される。英語には、「気づかう」「心配りをする」という意味の「マインドフル（mindful）」という形容詞がある。マインドフルネスの概念では、マインドフルとは違い「良い・悪い」などの価値判断をすることなく、完全に「今この瞬間」に注意を向けている心の状態を指す。

　しかし、「マインドフルネス」は「瞑想」のイメージが強く、産業界で取り上げることに大きな抵抗感があったが、グーグルをはじめとする有名企業の導入や、脳科学の発達により実際に脳の働きのポジティブな変化が明らかになったことにより、ここ数年でマインドフルネスに対する認識が大

きく変わってきた。実際、ATD参加者の多くがすでにマインドフルネス
を実践しており、ここに時代の潮目の変化を感じざるを得ない。

◀▶ 4 立ち後れる日本の産業界

　日本の産業界は哲学を受け入れない、工学でないものを拒否する姿勢が
見受けられるが、これは産業革命の製造業からの生い立ちに影響してい
る。生産現場はすべてロジックによって構成されており工学（エンジニア
リング）である。そこに哲学を入れることは工程の平準化に支障を来すこ
ととなり、さらに哲学は宗教と結び付き危険であるという誤認識が存在し
ている。しかし、世界の産業界は哲学にも目を向けスムーズに取り込んで
いるのが実態であるといえる。

　基調講演を行ったオプラもセスも思考はホスピタリティに同化しており、
ホスピタリティはマインドである。人の心の核となるものであるが、その
実態は見えない。人は見えるものを認識するが、見えないものは認識する
ことなく否定する傾向がある。見えないものは生産手段とはならないと判
断しがちであるが、見えないものの中にも大切なものがあるということに
気付くことがホスピタリティマインドであると考える。今回のATD-ICE
大会はこのことに気付くための大きな刺激になるものと考える。

2 オリンピック・パラリンピックの精神とホスピタリティ精神

❶古代オリンピック

　古代オリンピックの祭典競技には古代のギリシア人の思想、生活が色濃く反映されており、オリンポスの神々への信仰と肉体賛美が結び付き始まったといわれている。

　紀元前10〜8世紀ごろ、古代ギリシアにおいて自然風土や社会的・宗教的な要因によって1,500近くのポリス（都市国家）が形成されていた。その規模は小さく多くは城壁を備えアクロ・ポリス（城塞）、アゴラ（市場）を構えていた。本来、ポリス（Polis）は外敵が侵入した際に避難し防御するための丘であるアクロ・ポリス（Akropolis）を意味し、特に当時のギリシアでは紛争が絶えることはなく、エリス（Elis）とピサ（Pisa）の両国が隣国のオリンピア（Olympia）の領有をめぐって戦い、エリスがオリンピアを領地として勝ち取った時代であった。エリスの国王イフィトスはこの争いに困憊し、神殿で祈りを捧げると「争いをやめ競技にせよ」という神の託宣を受け、紀元前776年にオリンピアで競技を行ったのが、古代オリンピア祭典競技の始まり[6]と言われている説がある。また、トロイヤ戦争で死んだパトロクロスの死を悼んでアキレウスが競技を行なった[7]という説など諸説が存在する。古代オリンピック開催中だけはギリシア全土にわたり、休戦協定が結ばれ、祭典期間の5日間を含め前後3カ月間は国内外のすべての争いごとの禁止や刑の執行停止などが徹底された。

　ホスピタリティ（Hospitality）とは、ラテン語の「（自分に危害を加えない）好ましいよそ者」のhostisと歓待する者であるhospesを語源に持つ言葉とされている。危害を加える可能性のある者に対するhostility（敵対）が同根であることも、ホスピタリティの特色を表している。「よそ者」「異

文化」と争うのではなく、競技を通じて受け入れることがホスピタリティの思想を引き継いでいる。

　古代オリンピア祭典競技には各地から多くの人々が参加して競技を楽しみ、それを観覧する人々（よそ者）が集まったとされている。これらの旅行者のためにギリシャの都市国家は街道沿いに「タナベル」と称する簡易食堂が建てられ、食事が振る舞われ、旅行者は街道沿いの民家に泊まることが習慣となっていた。ホスピタリティツーリズムの発祥は古代オリンピア祭典競技から始まることとなる。

　その後、古代ギリシアはローマに征服され、古代ローマ帝国のテオドシウス１世が392年に「異教徒禁止令」が発布されたことにより古代オリンピアは西暦393年をもって終了した。

◤② 近代オリンピック

　その後、フランス人、ピエール・ド・クーベルタン[8]（1863年 – 1937年）の提唱に世界の国々が賛同し、古代オリンピックの終焉から1,500年の時を経て、近代オリンピック競技大会が誕生した。

　クーベルタンはスポーツが社会性の育成や心身発達に重要だと知り、青少年の教育に適していると考え1894年のパリ国際アスレチック会議でオリンピック復興計画に賛同を求めた。これに世界の国々が賛同した。

　その目的は、スポーツによって心身共に調和のとれた人間を育て、そのような選手たちが４年に一度世界中から集まり、フェアに競技し、異文化を理解しながら友情を育むという考え方であった。さらに、古代オリンピックになぞり、スポーツを通じてより平和な世界を作ることを唱え、この思想は国際連合にも支持され関係機関と連携をとりながらオリンピック期間中の各国の休戦を推進している。

　このクーベルタンの主張は満場一致で可決され、1896年に近代オリンピック第１回大会がアテネで開催された。

　その後、オリンピズムは時代の流れに合わせて修正され、現代はオリン

ピック憲章の中で『根本原則』[9] として以下のように定義付けられている。

> 1. オリンピズムは肉体と意思と精神のすべての資質を高め、バランスよく結合させる生き方の哲学である。オリンピズムはスポーツを文化、教育と融合させ、生き方の創造を探求するものである。その生き方は努力する喜び、良い模範であることの教育的価値、社会的な責任、さらに普遍的で根本的な倫理規範の尊重を基盤とする。

　冒頭に「生き方の哲学」という言葉が出てくるが、クーベルタンは、スポーツには人間の体・頭・心のすべてを高める力があると考えていたことから自分を信じる強い心（マインド）も必要であるとしている。さらに「普遍的で根本的な倫理規範」とあり、人が生きるために自然発生した倫理は普遍的なものであると考えるホスピタリティ文化との共通点が見いだせる。

> 2. オリンピズムの目的は、人間の尊厳の保持に重きを置く平和な社会の推進を目指すために、人類の調和のとれた発展にスポーツを役立てることである。

　オリンピズムは人としての尊さを知ることであり、人間のあり方・生き方について重点を置く。そして、人間の理想だけではなく社会倫理を目的にすることまでも言及している。

> 3. オリンピック・ムーブメントは、オリンピズムの価値に鼓舞された個人と団体による、協調のとれた組織的、普遍的、恒久的活動である。その活動を推し進めるのは最高機関ＩＯＣである。活動は五大陸にまたがり、偉大なスポーツの祭典、オリンピック競技大会に世界中の選手を集めるとき、頂点に達する。そのシンボルは五つの結び合う輪である。

　オリンピズムという目的と、オリンピック・ムーブメントとしての活動、オリンピック競技大会としてのオリンピックが存在し、それは5大陸にまたがるという意味は「国家の枠を超えた広い社会における、相互性の原理と多元的共創の原理」であるとした服部[10] のホスピタリティ定義と一致している。

4. スポーツをすることは人権の一つである。すべての個人はいかなる種類の差別も受けることなく、オリンピック精神に基づき、スポーツをする機会を与えられなければならない。オリンピック精神においては友情、フェアプレーの精神と共に相互理解が求められる。

5. オリンピック・ムーブメントにおけるスポーツ団体は、スポーツが社会の枠組みの中で営まれることを理解し、政治的に中立でなければならない。スポーツ団体は自律の権利と義務を持つ。自律には競技規則を自由に定め管理すること、自身の組織の構成とガバナンスについて決定すること、外部からのいかなる影響も受けずに選挙を実施する権利、および良好なガバナンスの原則を確実に適用する責任が含まれる。

6. このオリンピック憲章の定める権利および自由は人種、肌の色、性別、性的指向、言語、宗教、政治的またはその他の意見、国あるいは社会的な出身、財産、出自やその他の身分などの理由による、いかなる種類の差別も受けることなく、確実に享受されなければならない。

　この差別禁止の憲章は、2003年版の憲章まで「オリンピック・ムーブメントの目的は、いかなる差別をも伴うことなく…」と表記され個別事項は記載されていなかったが、2004年版から詳細事項が記載されるようになった。ダイバーシティの時代として人としての平等性を詳細に記述したものである。今後はLGBTなどの性的少数者も含まれると考えられる。

7. オリンピック・ムーブメントの一員となるには、オリンピック憲章の遵守およびIOCによる承認が必要である。

（2019年版オリンピック憲章）

　『根本原則』4，5，7は1，2，3の補足事項であると捉えられる。
　オリンピックというと選手たちは決められたルールを守り、正々堂々と競い合うフェアプレー精神が求められるものと考えがちであるが、その根底にはホスピタリティマインドに酷似したポイントが多く見られることがわかる。スポンサー契約している日本の企業は哲学を毛嫌いし、マインドを否定するが、オリンピズムはこれらを目的として構成されていることに気付くことが大切である。

◆ ❸ パラリンピック

　パラリンピックという名前の由来はもともとは脊髄損傷による下半身の麻痺を意味するパラプレジア (Paraplegia) からくる「パラ」であったが、脊髄損傷者だけでなく、視覚障害者や四肢障害者など選手層の横広がりによって、並列を意味するパラレル (Parallel) が適用され、さらに1988年ソウル大会以降、オリンピック大会開催後に同じ会場を使用して開催されることから、「もう一つのオリンピック」として「パラ」の語意が加味され「パラリンピック」という名称が成立した。

　現在では、オリンピックとパラリンピックを併記して使用するようになったが、パラリンピックは障害者のための競技として解釈するのではなく、マラソンや水泳と同様にオリンピックの中に、「パラリンピックという種目もある」と解釈をすることがホスピタリティ精神の平等という意味である。

　パラリンピックの起源は、パラプレジア（下半身不随）の人々によるオリンピックである。創始者はイギリス国立脊髄損傷者センター所長のドイツ人医師ルートヴィヒ・グットマン[11] (1899年 – 1980年) であり、リハビリ治療の一環としてスタートしたとされている。

　グットマンはその目的を「スポーツ療法による身障者のリハビリテーションへの道を開くこと」とした。当時、大会に参加していた患者のほとんどは第二次世界大戦で負傷した元兵士で、当初は戦力の再生という側面が強かったが、近年は競技スポーツとしてすべての人が尊重され、共生する社会を目指す機会とされている。

　なぜ障害者がスポーツをやるのか、その意義について考えると、障害者スポーツは、最初リハビリテーションから始まったものであるから健康や機能訓練、社会復帰を助けるものである。このことから、障害を抱えているからこそ、健常者よりもより一層健康などに気をつかう必要性がありスポーツを取り入れる意義があるといえる。さらに、障害者にとってスポーツは健康増進はもとより、障害を受け入れることの促進と、障害そのものを意識しなくなるほどの影響力を持ち、また自己決定権の尊重、自己選択

権の行使、QOL[12]の向上の効果がある。スポーツは身体的だけでなく、心理的にも影響を与える力が存在する。

　1964年の東京パラリンピックにおいて、日本パラリンピックの父といわれる中村は「日本の選手たちは、外国人選手と自らを比較して、自立心の大切さを心に刻んだといえる。当時は日本人選手53人のうち、5人の自営業者を除けば残りの選手はすべて自宅か療養所で面倒をみてもらっている人ばかりだったが、外国人選手のほとんどは仕事を持っており健常者と同じような生活をしていた。[13]」と述べている。このような違いは、日本人選手に障害を持っていても、その残された機能を活用して社会活動に参加することの重要性を改めて強く感じさせるものであった。同時に日本の障害者の社会受入れ態勢の不備が起因することも明らかである。イギリスの障害者雇用率95%に対し、日本が50%に及ばない現状が端的に就労機会の不備を物語っている。社会復帰促進のための障害者基本法、障害者差別解消法、障害者雇用促進法よる雇用義務はあるが実効は上がっておらず、雇用先の多くが零細企業であるという現実は、早急に打破されなければならない。身障者に対する雇用主の協力を求めても、身障者自身がどれほど自立の意欲に燃えていても、その就職率を改善することはなかなか困難であろう。なぜならば、身障者が職業能力を身に付けない限り、自立しようと思ってもできないし、雇用主が能力を持たない人を採用することも期待できないからである。障害者といえば生活を保障し、弱者として保護すれば足りるかのように思いがちであるが、彼らの多くは自立して社会に何らかの貢献をしたいと願っているのである。雇用主が進んで障害者に対して職場の門を開くだけの能力や技術を持たせることが先決問題である。それには、残された機能をいかに活用して社会復帰をするかという医療対策、職業訓練等を行うなどの社会復帰策の充実こそ、最大の急務といわなければならない。

　内閣府は、身体障害、知的障害、精神障害の3区分で、障害者数の概数を示している[14]。各種障害者手帳（身体障害者手帳、療育手帳、精神障害者保健福祉手帳）の保持者数で見ると、現在、身体障害者の男性50.8%、女性48.8%が高齢者であることがわかる。

図表7-1　年齢階層別の障害者数

	65歳未満		65歳以上	
	男性	女性	男性	女性
身体障害者	59万3千人 (54.8%)	48万6千人 (44.9%)	162万7千人 (50.8%)	156万5千人 (48.8%)
知的障害者	49万7千人 (62.5%)	29万5千人 (37.1%)	8万9千人 (53.0%)	7万3千人 (43.5%)
精神障害者	118万7千人 (46.4%)	137万9千人 (53.9%)	54万2千人 (33.2%)	109万3千人 (66.9%)

『障害者白書』内閣府　令和元年版（令和元年6月）

　障害者に対して過去1年間のスポーツ・レクリエーションの実施状況[15]について尋ねたところ、「行った」が44.4％であった。この内訳には観光旅行等のレクリエーションも含まれるので、スポーツ実施についてはより低い数値が想定される。健常者の成人の年1回以上の運動・スポーツ実施者の割合は74.4％となっており、障害者のスポーツ実施率は一般に比べて低いことがわかる。

　障害種別に見ると、「肢体不自由（車椅子必要）」（29.4％）、「肢体不自由（車椅子不要）」（36.4％）の実施率が低い一方で、「発達障害」（58.9％）、「聴覚障害」（53.9％）、「知的障害」（51.3％）の実施率が高かった。

　しかし、障害者の高齢化との関係では、競技によって異なるが、一般に障害者スポーツは高齢になっても続けられるものも多いとされ、障害者のトップアスリートの引退年齢は健常者に比べて高いといわれる。また、障害者のスポーツはリハビリテーションや健康維持の要素も大きく、スポーツから離れることで日常生活に支障が出る場合があるなど、スポーツの意味付けが、健常者とは異なる。

　グットマンは「失われたものを数えるな、残されたものを最大限に活かせ」という言葉を残したが、残された機能を最大限に活かし常にチャレンジし続ける精神を選手たちに求めていると考えられる。

◢◢4 スペシャルオリンピックス

　スペシャルオリンピックスは、知的障害者にスポーツ・プログラムを提

供する国際的な組織である。オリンピック競技大会で行われるような20以上の競技を実施していて、8歳以上の人が参加できる。すべての競技会がスペシャルオリンピックだという考えから、複数形のＳがついて、「スペシャルオリンピックス」という名称になっている。

　故ジョン・F・ケネディ大統領の妹ユーニス・ケネディ・シュライバー（1921年－2009年）が1963年に、知的発達障害のある子供たちのため、夏期のデーキャンプ（日帰り野外活動）を自宅の庭で開いたことが始まりであるとされている。その後も米国とカナダの数十箇所で同様のキャンプを創設し、運動競技で好成績の者を表彰するようになった。1968年7月、シュライバーはイリノイ州シカゴの球技場ソルジャーフィールドで「スペシャルオリンピックス」を開催した。この第1回大会が成功したことを受け、同年にスペシャルオリンピックス財団（現スペシャルオリンピックス国際本部[16]）が設立された。

　スペシャルオリンピックスの使命は「知的障害のある人たちに、年間を通じてオリンピック競技種目に準じたさまざまなスポーツトレーニングと競技の場を提供し、参加したアスリートが健康を増進し、勇気をふるい、喜びを感じ、家族や他のアスリートそして地域の人々と、才能や技能そして友情を分かち合う機会を継続的に提供すること。[17]」である。

　これらのことから、スペシャルオリンピックスは、オリンピックやパラリンピックに見られるお祭り的、イベント的な要素はなくスポーツを通じて知的障害を抱えた人々の自立や社会参加の促進をすることや、彼らを受け入れ共生していく社会を実現することに重きが置かれている。

　パラリンピックに見られる競技性は、オリンピックより低いかもしれないが勝ち負けの結果ではなく、参加するという行為に目が向けられ、競技したすべての参加者が表彰される。

　スペシャルオリンピックスにより身体障害者だけではなく知的障害者に対してスポーツの門戸を広げたことは相互容認の初段階であり、今後の相互発展に期待をする。

3 ホスピタリティ・イノベーション

◤❶イノベーションは新結合

　イノベーションは、今日の世界的なキーワードの一つである。イノベーションを「技術革新」と訳す場合が多いが、範囲を限定した感は否めない。元来イノベーションは米国の経済学者Ｊ・Ａ・シュンペーター（1883年－1950年）が提唱し、普及した概念である。イノベーションとは経済活動の中で生産手段や資源、労働力などを今までとは異なる方法で「新結合」して価値を生み出すこととし、イノベーションを技術革新よりも広い概念として捉え、「経済的・社会的成功に帰結するあらゆる改革行為[18]」であると述べている。そしてイノベーションを以下の五つの類型で提示している。

図表7-2　イノベーションの5類型

> (1) 新しい財貨の生産
> (2) 新しい生産方法の導入
> (3) 新しい販売先の開拓
> (4) 原料あるいは半製品の新しい供給源の獲得
> (5) 新しい組織の実現

(1)「新しい財貨の生産」

　今までにない革新的な商品と理解できる。たとえばスマートフォンや燃料電池車など産業構造に大きな影響を与えるものから、ガンダムのように個別企業を急成長させるものまで様々なレベルで登場する。

(2)「新しい生産方法の導入」

　飛躍的に生産性を高める生産方法と理解できる。トヨタ生産方式やセ

ル生産方式、最近ではインダストリー4.0などが挙げられる。

(3)「新しい販売先の開拓」

　新しい販売方法と理解できる。過去における百貨店、スパーマーケットの登場。通信販売、ネットワークビジネス、ネットショッピングなどがこれに該当する。

(4)「原料あるいは半製品の新しい供給源の獲得」

　極めて安価、あるいは従来にない機能を持つ原材料と理解できる。安価なシェールガス、高機能のカーボン、セラミックなどが挙げられる。

(5)「新しい組織の実現」

　新しい組織体制と理解できる。カンパニー制やクロスファンクショナルチーム、あるいはフランチャイズシステムもこの範疇（はんちゅう）に入るであろう。

　いずれにせよ、イノベーションの本質は「新結合」、つまり新しい組み合わせである。どのような偉大な発明も過去の先行研究、技術の組み合わせから生じてくるものである。無から有は奇跡でも起こらない限り生まれてこないはずである。イノベーションを「技術革新」として捉えると、何らかのハイテクノロジーを持っている企業以外はあきらめてしまう可能性が高い。しかし、イノベーションは技術水準の高低とは関係なく、純粋に組み合わせの妙であることを理解するならば、その適用範囲は飛躍的に拡大することになる。

　新結合の代表的なイノベーション製品はラジオとカセットレコーダーを結合したラジカセであった。相手を平等に受け入れることがホスピタリティの概念であることから、各々が持っている機能を平等に結合した結果がラジカセであり、ホスピタリティ・イノベーションであるといえる。さらに、イノベーションを起こす際には必ずといっていいほど部門間、人間関係の葛藤が生じる。人は今まで通りの仕事をしていくことが楽であっ

て、変化を起こし、行動を変えることは苦痛を伴う。ラジカセに関しては、ラジオ事業部とカセットデッキ事業部との争いがまさにそうであり、どちらの事業部のスペックに合わせるか、売り上げ計上をどちらの事業部に付けるか、さらには「ラジカセ」か「カセラジ」かといった主導権争いにまで発展した。そのためにイノベーションは社内における平等性と受け入れというマインドが必要となりイノベーションの成功につながってくる。

　そして、イノベーションとは必ずしも高い技術力が伴うものではない。構造自体を変えることで社会に影響を与えることができる。「ウォークマン」は1979年に発売されて以降ソニーの主力商品の一つである。ウォークマンは携帯音楽プレーヤーのシリーズとしてヒット商品となったが、これは従来存在した据え置き型ステレオというカテゴリーではなく「音楽を持ち歩くスタイル」という新しい市場のカテゴリーを開拓したことでイノベーションが成立している。当時、据え置き型ステレオを持ち歩くという発想は前例がなかった。しかもウォークマンは据え置き型ステレオと比較すると音質も劣っていた。イノベーションには高い技術力が伴うものではないということである。後に出たAppleのiPodはウォークマン同様、音楽を持ち歩くスタイルであったが、ビジネスモデルを変えたことによりイノベーションが発生している。ウォークマンは楽曲データをCDから取り込んでいたが、iPodはiTunes（現在のApple Music）を通して楽曲データを購入し取り込める仕組みになっている。プロダクト（製品）とビジネスモデル（楽曲販売）の両者でイノベーションを起こしたものである。

◢2イノベーションの焦点

　イノベーションについては様々な研究がなされているが、クレイトン・M・クリステンセン（1952年−）は「伝統的な優良企業は、既存商品の改良を続け、最終的には価格上昇の伴わないオーバースペック状態になる『持続的イノベーション』に陥りやすい[19]」としている。その間隙をぬって新興企業がローエンドを狙った低価格商品でシェアを伸ばし、力を付けて、

上位のレンジに徐々に食い込み最終的には伝統的な優良企業のシェアまで奪取してしまう「破壊的イノベーション」の脅威について警鐘を鳴らしている。伝統的な優良企業は従来のしがらみに縛られ機動力が弱く、また固定費も高いことからコモディティ化が進んだ場合、破壊的イノベーターにほとんどが負けてしまうと主張している。

　例えば、テレビのリモコン機能をすべて使いこなしている利用者はいるだろうか？　録画はCMカット設定で、映画を見るときはシネマモードに切り替えて、音楽番組を見るときにはライブモードに切り替えている利用者は少数である。多くの利用者は電源、音量、チャンネルの機能程度しか使わず、他の高度な機能はすべてがオーバースペックといえる。では、この機能を使用しないので価格を下げてほしいというニーズがあったとしたら、過去であれば、その機能を持つ基盤と部品を取り去ることで価格に反映できた。しかし、現在の回路設計ではCPUによって制御されているので基盤部品の削除はできず、価格に全く反映されないのが現状である。いわゆる、価格上昇の伴わないオーバースペック状態となる。

　市場のニーズに耳を傾け、ニーズのレベルに合わせた製品を提供することが基本であるが、それを忘れ利己主義に走り技術者が想い描いているだけの製品を製造することに課題が存在する。

　ホスピタリティの語には危害を加える可能性のある者hostility（敵対）が含まれているが、敵に対抗するためには、内なる心の声に耳を傾け自らの殻を破り自分が置かれている真の状況に気付くことが必要である。資本主義の中で活動している組織において競争は逃れることができない原理であるが、社会、組織に人が存在している以上はそこに人としての理性が求められる。過度な競争や競合組織間での潰し合い、多額な資金による乗っ取り合戦が横行する中、組織としてのアイデンティティや理念を再度確認して健全で合理的な手段を選ぶべきである。競争に勝ったときにはおごらず、敗者に対して心を配ることも必要である。イノベーションにおいても社会の安寧と成長を視野に収めることが必要であり、ここにお互いが市場を育てていくという相互発展の可能性が存在する。

❸イノベーションの変遷

イノベーションの焦点も時代とともにダイナミックに変遷してきている。

第1世代：プロダクト・イノベーション（欧米中心）～1960年代

1960年代までは、新製品がイノベーションの焦点であった。様々な家電製品や自動車、航空機がその代表例であり、その時代の主役は欧米企業であった。

第2世代：生産プロセス・イノベーション（日本中心）1970年代・80年代

1970年代から80年代にかけて欧米企業が発明した商品を安く、大量に、しかも高品質で生産するプロセスが焦点となった。この時代の主役は日本であり、1人当たりGDPで世界一の座につき「ジャパン・アズ・ナンバーワン」と世界の憧れの的になった。

第3世代：ビジネスモデル・イノベーション（例：Yahoo、Googleなど）1990年代

その後、バブル経済崩壊後、日本経済が苦しむ中、米国企業は商品そのものではなく、提供法方を中心としたビジネスモデルに焦点をあて飛躍的な成長を遂げた。

第4世代：（ビジネスモデル ＋ プロダクト）イノベーション（例：Apple）2000年代

その後、今世紀に入ってもその勢いはとどまるところを知らず、ビジネスモデルとプロダクトの組み合わせに焦点をあて、さらなる成長を実現している。

第5世代：（ビジネスモデル ＋ プロダクト ＋ α）イノベーション 2010年代以降

アマゾンに代表されるIT化されたビジネスモデル、世界中のあらゆるカテゴリー商品を取り扱うプロダクト、送料無料、翌日配送がαとなる。翌日配送というシステムの原理はすべての商品を在庫しているということであり、年に1冊しか販売されない専門書（死に筋商品）も在庫されているということである。小売り流通業の常識である不良在庫は持たないという常識を覆した部分もαとなる。

これらを見ると1980年以降イノベーションに関しては日本企業は大きく後れをとっているといわざるを得ない状況である。

図表 7 - 3　**イノベーションの変遷**

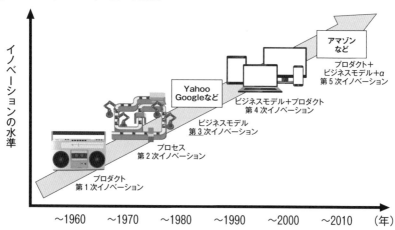

さらに、イノベーションは社会問題に対する革新的な解決方法を目指すソーシャルイノベーションである。社内の資源だけでなく研究所や教育機関、他の産業分野の企業とアイデアを組み合わせることで革新的なビジネスモデルや製品を生み出す仕組みを目指すオープンイノベーションも存在する。

　イノベーションもホスピタリティと同様に固定された概念に縛られず、広く突き詰めることによりイノベーションのあり方が見えてくる。イノベーションは組織の発展と維持が目的である。健全な成長を遂げていくためには組織人として、人の心を忘れずにコンプライアンスにのっとり、人倫を視野に入れた戦略が必要となる。日本は諸外国と比較するとイノベーションに関しては立ち遅れているが、それも良しとするのか、大きな問題と認識するのかは経営者、経営幹部の良心によって決定する。ベンチャー型の経営で太く短く経営するか、昨年対比100.1％で徐々に成長を遂げていく年輪型経営（盆栽経営）で運営するかは経営者いかんにかかってくる。その場合、社員、社員の家族、市場の顧客といった「人」が存在するということを認識することが大切であると考える。

第7章 ここまでのまとめ

1. 生きていく中で様々な事態に陥ることがあるが、そのときには理屈では説明の付かない体の奥から生まれる感覚を大事にする。

2. これからの教育は何かの属性を身に付けるのではなく、正しいと思う道を見付けることである。

3. Self-awarenessを高めるための有効なトレーニング手法は、「マインドフルネス」である。

4. 見えないものの中にも大切なものがある。

5. オリンピックムーブメントは「生き方の哲学」であり、自分を信じる強い心（マインド）も必要であるとしている。

6. 古代オリンピック開催中はギリシア全土にわたり、休戦協定が結ばれ、祭典期間の前後3カ月間は国内外のすべての争いごとの禁止や刑の執行停止などが徹底された。

7. 障害者スポーツは、リハビリテーションから始まったものであるから健康や機能訓練、社会復帰を助けるものである。

8. スペシャルオリンピックスは、スポーツを通じて知的障害を抱えた人々の自立や社会参加の促進をすることであり、彼らを受け入れ共生していく社会を実現することに重きが置かれている。

9. イノベーションとは経済活動の中で生産手段や資源、労働力などを今までとは異なる方法で「新結合」することである。

10. イノベーションもホスピタリティと同様に固定された概念に縛られず、広く突き詰めることによりイノベーションのあり方が見えてくる。

▶第7章　参考文献

（1）ATD（Association for Talent Development）とは、企業や行政組織におけるラーニングとパフォーマンスの向上を支援することをミッションとしている人的資源開発に関する世界最大の非営利団体。米国のバージニア州に本部がある。団体としてのATDは、人材開発関連の書籍発行や、セミナー開催なども行っている。事業の中で、最大規模のイベントが毎年5月にアメリカ国内で開催する国際会議、ATD ICE（International Conference and Exposition）である。

（2）Oprah Gail Winfrey（1954年－）は、米国の俳優、テレビ番組の司会者兼プロデューサー、慈善家である。司会を務める番組『オプラ・ウィンフリー・ショー』は米国のトーク番組史上最高の番組であると評価され、多数の賞を受賞している。フォーブスの「アメリカで最も裕福なセレブリティ」にて3位

（3）Seth Godin（1960年－）米国の起業家、講演家、マーケティングコンサルタント。パーミッション・マーケティングという手法を広めた人物。タフツ大学卒、スタンフォード・ビジネススクールにてMBA取得。『バイラルマーケティング』『パーミションマーケティング―ブランドからパーミションへ』の著者

（4）American Society for Training & Development（米国人材開発機構）は、1944年に設立された非営利団体。ビジネスが急激にグローバル化に進む中、グローバルコミュニティ全体で人財育成や能力開発を考える必要性が高まり、「トレーニング」という言葉で十分表現できないとの背景があって2014年にATDに名称変更した。

（5）マインドフルネスが世界中に普及するきっかけとなったのは、マサチューセッツ大学医学校名誉教授のジョン・カバットジン（Jon Kabat-Zinn）博士が、「マインドフルネス瞑想」を医療分野に最初に取り入れ、慢性の痛みとの共存を目的としたプログラム「マインドフルネスストレス低減法」を開発した。マインドフルネスは、今現在において起こっている経験に注意を向ける心理的な過程であり、瞑想及びその他の訓練を通じて発達させることができる。

（6）日本体育大学「オリンピック」（最終閲覧日：2019年11月30日）
https://www.nittai.ac.jp/ncope/olympic_paralympic/index.html

（7）ホメロス　松平千秋訳『イリアス（下）』岩波文庫、1993年、pp. 346-375

（8）Pierre de Frédy, baron de Coubertin, 1863年－1937年）フランスの教育者。国際オリンピック委員会事務局長、第2代国際オリンピック委員会会長などを務め、近代オリンピックのシンボルである五輪のマークも考案した。

（9）根本原則『2019年版オリンピック憲章OLYMPIC CHARTER』日本オリンピック委員会、2019年、p.10

（10）「人類が生命の尊厳を前提とした、個々の共同体もしくは国家の枠を超えた広い社会における、相互性の原理と多元的共創の原理からなる社会倫理」服部勝人『ホスピタリティ学原論』内外出版、2004年、p.117

（11）Ludwig Guttman,（1899年－1980年）は、ドイツ出身のユダヤ系神経学者。「パラリンピックの父」とされる。グットマンはイギリス障害者スポーツ協会の設立者でもあり、大英帝国勲章も授与された。

（12）QOL（Quality of Life）の概念は、歴史的にはソクラテスの「なによりも大切にすべきは、ただ生きることでなく、よく生きることである」といった哲学的追求までさかのぼる。

　QOLとは、「より多く」よりも「より良く」という価値観であり、「物質的な豊かさに満たされた生活」ではなく、「毎日が充実し、心身が満たされた生活」に焦点をあてた考え方となる。

(13) 中村裕伝刊行委員会編『中村裕伝』　中村裕伝刊行委員会、1988年、p.100

(14) 『障害者白書』　内閣府、令和元年版（2019年6月）

(15) 笹川スポーツ財団『「健常者と障害者のスポーツ・レクリエーション活動連携推進事業（地域における障害者 のスポーツ・レクリエーション活動に関する調査研究）」報告書』（文部科学省委託調査）2013.3、pp.57-64）

(16) 1988年に、国際オリンピック委員会（IOC）とオリンピックの名称使用について認める議定書を交わす。

(17) 特定非営利活動法人スペシャルオリンピックス日本『スペシャルオリンピックスの使命』

(18) J・A・シュンペーター著、塩野谷祐一・中山伊知郎・東畑精一訳『経済発展の理論』　岩波書店、1977年

(19) クレイトン・M・クリステンセン著、玉田俊平監修、伊豆原 弓訳『増補改訂版イノベーションのジレンマ―技術革新が巨大企業を滅ぼすとき』　翔泳社、2001年

第**8**章

ホスピタリティ精神の発揮

　　ホスピタリティ精神を向上しようとするならば、人を支えるべきである。支えたことによってあなたが優秀な人間として成長し、組織で認められ、管理者になれば支えた人々は「支えていてよかった」という気持ちになり、それが支えた人のあなたへの感謝の念につながる。支えられた自分も支えてくれた相手に感謝する。これがホスピタリティの相互扶助の考え方である。

　　両者が感謝を認識することがお互いの慈しみとなり、お互いの品格へとスパイラルに向上していくのである。

　　ホスピタリティでは、世の中のものすべてが役割を持って存在すると考える。この世に不必要なものは存在せず、すべてが関係性を持って存在している。役に立たないものは社会の構造原理では発生するはずはないのである。

1 自分の価値基軸に気付くことの重要性

▶ 🔳 絶対解のない時代

「自分の道」を歩く、そして充実感と健康と個性的な仕事を得る、それが人の本来の生き方である。

では、なぜ、「他人の道」ばかり見て、「自分の道」を歩めないのか。それは、自分の価値を社会の評価で決めているからであり、社会の評価を得るためには「他人が歩いてきた道」を歩まなくてはならないという現状があるからである。人生の原点、自分の価値を決める基準、それが何なのかということに気付くことが絶対的な問題になってくる。

これまでの人生を振り返り、学校という閉じられた世界にいたときは、比較的、解が明確なものが多かったはずである。そこでは、方程式を身に付けることが重要なことであった。

しかし、社会に出ると、絶対解がない状況に遭遇する場面が増え、自分自身で試行錯誤しながら、解を見つけなければならないことが多くなってくる。

図表 8 - 1

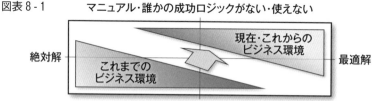

マニュアル・誰かの成功ロジックがない・使えない

現在・これからの
ビジネス環境

絶対解　　　　　　　　　　　　　　　　　　　　　　最適解

これまでの
ビジネス環境

マニュアル・誰かの成功ロジックがある・使える

しかも、解を導くための便利な法方やマニュアルは存在しない。

仮に他の事例で類似するものがあったとしても、自分のケースで有効であるとは限らない。絶対解がない状況というのは、もちろんビジネスの世界だけではない。

　例えば、スポーツの世界を考えた場合、絶対的に勝利できる方法論はない。もちろんセオリーはあるかもしれないが、それに従っているからといって、必ず勝利できるわけではない。

　スポーツにおける成功者を思い浮かべたとき、成功する要因は、一つには決められないが、成功した者に共通しているのは、イチロー選手、大谷翔平選手のように自分なりの方法論があったからである。

　しかし、その方法論を誰か別の人が使ったからといって、同じようにうまくいくとは限らず、きっとうまくいかない。それはうわべだけをモノマネをしただけにすぎないからである。さらに、重要なのはその方法論にこめられた想いであるとか、大事にしている価値である。いわゆる自分なりの哲学といえるものである。それが存在するため困難な状況でもへこたれず、悩んでもいずれ答えを見つけ、負けてもはい上がることができる。

◀️2 自分の価値基準を探る

　自分自身が持っている価値基準が自分の人間性そのものをつかさどるものといえる。そのために自分の価値基準を棚卸しする必要性がある。

　自分の価値基準を見つけ出すために次の五つの質問について、ゆっくり考えることが有効といえる。

> ① 仕事において、何をやっているときが一番楽しい、あるいはうれしいか？
> ② 人生で一番悩んだこと（人生の選択とか）は何か？
> ③ 仕事で何かつらいことや窮地に追い込まれたとき、「○○があったからやってこられた」とか「○○というふうに考えていたから最後まであきらめなかった」ということはあるか？
> ④ どのような人にあこがれるか？　過去の偉人でも、身近な人でも、想像の人でも構わない。共感できる生き方をしている人を挙げる。
> ⑤ もし映画の監督になって、自分の思いを伝える映画を撮るとしたら、どういうストーリーにするか？

　上記で記述した回答に、さらになぜそのように考えたのか、あるいは思ったのか、その理由を考える。その理由をさらに深堀りできるときには、重ねて理由を考える。このように自分自身を俯瞰することにより、自

分自身の人間性に気付くことが大切である。

①仕事において、何をやっているときが一番楽しい、あるいはうれしいか？		
自分の答え　⇒	なぜその答えになるのか？　⇒	なぜそのように思ったのか？

　五つの質問の回答とそれぞれについて深堀りされた理由を見て、自分にとってこだわりのある想いや考え、こうありたいと思う理想、今後も変わらないと思うことなどを見いだす。それが自分の価値基準となる。どのような価値基準が良いか悪いかではなく、価値基準を自分で認識しているかが課題といえる。

　私たちは、普段ビジネスの世界に生きている。ビジネス世界であっても、プライベートであっても自分が大事にしている、大切にしている想いや価値は、曖昧な中から解を導くとき、あるいは困難な状況で自ら解決しなければならないときに役に立つはずである。

◥▶**3 価値基準を軸にした先人の言葉**

　　　「人は行動した後悔より行動しない後悔の方が残る」

　　　　　　　　　　　　ギロビッチ博士（コーネル大学心理学教授）

　　　「自分の価値が分かっているとき、決断を下すのは難しくない」

　　　　　　　　　　　　　　　　ロイ・ディズニー（米国の実業家）

　　　「今はコンピュータが発達し、データが豊富にあり、左右の状態がある程度わかる世の中になってきているが、最後に決断するのが人間であることに変わりはない」

　　　　　　　　　　　　　　　豊田英二（トヨタ自動車名誉会長）

　　　「あることを真剣に３時間考えて自分の結論が正しいと思ったら、３年かかって考えてみたところで、その結論は変わらない」

　　　　　　　　　　　　　　　ルーズベルト（アメリカ大統領）

　　　「われわれが進もうとしている道が正しいかどうかを、神は前もっては教えてくれない」

　　　　　　　　　　　　　　　　　アインシュタイン（科学者）

2 人となる道へのホスピタリティ的アプローチ

❶ 心の悪い癖が職場を荒らす

　現状に目を向けたときに、課題を抱えている自分をどのようにソリューションすればよいのか。人は誰でも人間らしさを持っていて発揮することは可能である。

　では、問題行動はなぜ発生してしまうのか？

　実は、こうした問題事象は、人が持つ「心の癖」が原因となって発生する。

　ホスピタリティの原則は平等性・性善説である。本来、人間は誰しも人間らしさを本能的に持っている。そして、すべての人が人を傷つけたり、悪意のある行動はしないはずであり、人としての安寧を求めている。

　しかし、それらが発揮できない原因はその人が持つ「心の癖」にある。心の癖とは身心を乱し悩ませ智慧を妨げる心の働きで、本来の人間らしさを発揮しようとしたときにそれを阻害し、間違った行動へ走らせ問題行動を引き起こす。

　この心の癖には大きく六つの種類がある。

図表8-2　様々な問題行動を引き起こす原因となる六つの心の癖

心の癖	内容	
むさぼる心	・みさかいなく何かを欲する ・物事に固執する ・必要以上に自分のことを自慢しようとする	固執する
怒る心	・他人の失敗を烈火のごとく怒る ・他人を恨む ・他人を傷つけようとする	激怒する

迷う心	• やってはいけないこととやって良いことの区別が付かなくなる • 隠し立てをしようとする • さぼったり、怠けようとする	隠す
自惚れる心 (うぬぼ)	• 他人と比較しておごり高ぶろうとする • 他人のことを馬鹿にする • 他人よりも自分が優れていると思う	蔑む
疑う心	• 人によって言うことを変える • きれいごとを言う • 虚偽の報告をする	きれいごとをいう
執着する心	• 過去の成功体験を部下に押し付ける • 後ろ向きな発想に終始する • 他人の言動を鵜呑みにする (う の)	我執する

　この六つの心の癖はたとえば次のような状況になると謙虚に現れる。

(1) 他部署が原因で仕事が上手くいかず、上司から問いただされるとき（むさぼる心）

(2) 将来に期待していたＡさんが突然　退職を申し出たとき（怒る心）

(3) 上司に対して、良くない情報の"ホウレンソウ"を行うとき（迷う心）

(4) 上司から、同期入社のＡさんについての風評を求められた時（自惚れる心）

(5) 部下からの不平不満や仕事の進め方について問題提起をされたとき（自惚れる心）

(6) 成果は出すものの、態度が悪い部下と面談するとき（疑う心）

(7) クレームを起こし処理にあたるとき（疑う心）

(8) 今期実績が目標未達成の原因と対策についての報告を求められるとき（執着する心）

など、これらによって人を間違った行動へ走らせしまうのである。

　そして、心の癖には二つの種類がある。

● **悪い心の癖**
　【我欲】「課長になれたからには次は部長を狙う。そのためには先輩の課
　　　　　長を蹴落とさなければ」といった間違った行動へ走らせるもの

● **よい心の癖**
　【自欲】「やっと課長になれたのだから職場をうまくまとめて高い成果を
　　　　　出していこう！」といったモチベーションにつながるもの

　後者はモチベーションであり、悪い心の癖をソリューションするために
大きな役割を果たすものであり、確実に自覚することが必要となる。

◢ **②悪い心の癖のソリューション**

　悪い心の癖をソリューションするためには、自分がとりがちな行動を棚
卸しそれが六つの癖のどれに属するかを確認することによって自分が持つ
「悪い心の癖」を自覚することが必要である。いわゆる自己を認識するこ
とであり、それによって自分自身が変容することである。メンバーが悪
い、組織が悪いと他責にしていたのでは、事は何も解決はしない。しこり
が残るだけである。

　自責で物事を考え自己の認知変容と行動変容を促し、自己革新すること
がホスピタリティ精神を発揮するための方策であるといえる。

　そして、このような「心の癖」とうまく付き合うためには、悪い癖を除
外しようとする発想は現実的ではない。簡単に排除できるものではないか
らであり、多かれ少なかれ誰でもが持っているものであって、すべてをな
くすことはできない。どのようにして悪い心の癖をソリューションしてい
くのか。

それはホスピタリティの考え方に基づき、すべてを受け入れようとすることが必要である。

　悪い心の癖を「雑草」にたとえ、良い心の癖を「種」に例えて説明するとわかりやすい。

A.　悪い心の癖は雑草のようなものでこれが邪魔をして心の良い癖が芽を出したくても出せない。では雑草を刈ればいいかというと、刈ってもまたすぐに生えてくるのである。悪い心の癖は完全に取り去ることは不可能である。

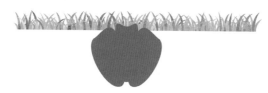

B.　手順としては良い心の癖を見つけ出しそれを伸ばしていくためのモチベーションを高める。現代の戦略論でいう、弱みにこだわるのではなく強みを伸ばして弱みをカバーするという発想である。この作業をすることにより心の良い癖は芽を出す。

C.　種から芽が出て成長すると枝下の雑草は日が当たらなくなり枯れる。枯れた雑草は土に戻り、それが自分の肥料に変わる。「心の悪い癖」を肥料として取り込むことが受け入れである。

　良い心の癖が成長すると悪い心の癖が自分自身を助ける力に変わり、さらに成長を続けるということであり、すべてを受容することが重要となる。悪い心の癖は自分にとっては敵であるがそれをあえて受け入れ、味方にするというホスピタリティ精神の原則がここにある。

　これにより自己革新をし、相手と職場を変えていくマネジメントが成立する。「渋が多い柿ほど甘い干し柿になる」という諺があり、刑務所でも「自分が犯した罪を振り返ることにより、辛さ、悲しみを感じ、罪はこの感情を通して人への思いやりに変わる」という教育をしている。悪い心の癖を多く持つ人ほど自己革新により素晴らしい人に成長できる可能性を秘めているということもいえる。昔、ヤンチャをしていた人ほど大人になると立派な人となったという事例も多く存在する。

　ホスピタリティでは世の中すべてのものは役割を持って存在して、悪い心の癖も役割を持って存在する。存在意義のないものはないとして考える。他者が表出している悪い心の癖を見て自分がどう感じるか。「人のふり見て我がふりなおせ」という諺があるように自分を内省するきっかけを作ってくれることもある。この世に不必要なものは存在しない、すべてが関係性を持って存在しているのである。

　だから排除をするのではなく受け入れる。これがホスピタリティ的なソリューションの原則である。

◤3◢ 正しい意思決定は接触から経験則へ

　さらに、ホスピタリティでの人間らしさは生活上の意思決定の基準にもなり得る。自分の価値基準を確実に持つことが間違いのない方向へ人生を進め、そして他者を導いていくための方策である。

　人は意思決定の連続であるといえる。意思決定は自分の過去の経験則に照らし合わせてYesとNoを判断する。正しい意思決定は正しい経験則から導き出されるものである。

　そして、正しい経験則とは正しい接触から始まる。「視覚」「触覚」「嗅

覚」「味覚」「聴覚」という五感の接触経験から始まり、時間の経過とともに「具体的行為の経験」となる（純粋経験）。

　今は単に「本を読んでいる」という視覚による感覚体験であり、10分、1時間、1カ月経過することで「私は『ザ・ホスピタリティ・ウェイ』の本を読んだ。それによりおもてなし、思いやりだけがホスピタリティではないということを理解した」という純粋経験となり、読んだ本の経験則により自分の生活、組織にホスピタリティを適用できるか、できないかという意思決定を行うのである。今は「見る」「聞く」「読む」などの単に今ここにいるだけの感覚体験だけであり、「私が」を認知できない。経過時間が長くなると「私が」という主体が認知でき「私が見たもの」「私が読んだ本」という純粋体験と変化するのである。

　経験は接触から始まり、接触なしでは経験は存在しない。

　だから、正しい意思決定をする上で正しい接触は不可欠となる。具体的には日常的に、おいしいものを食べたらおいしいと思う気持ち、美しいものを見たら美しいと思う素直な気持ちを持ち接触をする。単純なことであるがこれが重要な要素となる。

　高級フレンチレストランで食事中に皆が「これおいしいね」というと一人が「こんなの私が家で作った方がもっとおいしいよ」という発言が出ると、この人は正しい素直な接触をしていないということになる。これを積み重ねていくと意思決定も間違った方向に進むのである。ホスピタリティ精神の「相手を受け入れる」ということを起点とし、どんなことも素直に、そして無条件に受け入れ接触することがポイントとなる。

　これは、結果として接触をした年代、または接触の生活慣習によっても差が出る。

　京都のお寺の庭園に立ち、雨上がりに石灯籠の上に濡れた楓（かえで）が一枚落ちている。日本人の高年齢層の方々はこれを見た瞬間に「侘び寂び（わびさび）」を感じる。

　弱年齢層の方は何も感じないだろう。外国人は清掃が行き届いていないと感じる人もいるだろう。

　このように最終的に出される意思決定は日ごろの接触のあり方と、それ

に基づいた経験則によって差が出てくるものである。

　職場においても、過去の間違った経験に依存しないためにも、メンバーの今に正しく接触していくことが求められる。

　メンバーの想い、辛さ、苦しみ、喜びに気付くために、いつも心を配ってあげることを「心配する」という。仕事の喧騒（けんそう）にまぎれてメンバーを無視しないことである。言葉を変えると心を込めて正しく生きること。今更ながらコミュニケーションの重要性が見直されるのである。

◀️**4**人のモチマエとは

　「能率」という考え方は、産業能率大学の創立者である上野陽一[(1)]により広められた。目的と手段の関係に注目すると、能率は次のように整理できる。

> 目的＜手段ならば**ムダ**であり
> 目的＞手段ならば**ムリ**が生まれ
> 目的と手段がつりあっていない状態を**ムラ**といい、
> 目的と手段がつりあっていれば「**能率的**」であるといえる。

　「能率」という言葉が持つイメージは、機械を効率良く稼動させてぎりぎりまでコストを削減することで、いわゆるマネジメントというものである。

　そもそも「モチマエを100％活かす」というのが、能率の基本的な考え方だが、このモチマエとは、モノの性能や機能にとどまらず、人間力と見ることもできる。生まれつきの性質や、持ち得ている力を遺憾なく発揮することである。

　人の前で、力を出し惜しみしていては、不利に見られる（ムダ）。逆に背伸びをして自分を大きく見せようとしても相手から見破られる（ムリ）。これらを続けるとムラが発生する（ムラ）。これら「三つのム」をなくしていくことにより自分の魅力を発揮できる。そして、自分が人間的に幸せになり、相手も幸せになる。

そして上野は能率の要諦をまとめ、教えとして『能率10訓』[2]を提示している。

能率10訓

1. ドンナ イトナミヲ スルニモ ソノ 目的ト 目標トヲ アキラカニ シ マズ コレヲ 確立セヨ. 目的ト 目標ノ ハッキリ シナイ トコロニワ ハゲミガ オコラヌ.

2. ソノ 目的ト 目標ヲ 達スル タメニ モットモ 適合シタ 手段ヲ エランデ コレヲ 実行ニ ウツセ.

3. モシ ソノ 手段ガ 目的ト 目標ニ 適合シテ イナイト アルイワ ムダ アルイワ ムリ ヲ ウム.

4. ヒト・モノ・カネ ヲ ハジメ 時間モ 空間モ コレヲ 十分ニ 活用スル ヨーナ 目的ノ タメニ ツカエ. 活用ガ タダシク ナイト ヤハリ ムダ マタワ ムリヲ ウム.

5. ムダト ムリ トワ ソノ 性質 相反シ ヨノナカニ ムラヲ ツクリダス モトニ ナル.

6. ムラガ ヒドク ナルト 大事ヲ オコス. ツネニ ムダヲ ハブキ ムリヲ ノゾイテ ムラヲ スクナク スルコトニ ツトメヨ. コレヲ オコタルト 社会ワ 不安ニ ナル.

7. 能率トワ ムラヲ ヘラシテ スベテノ ヒト ト モノト カネ ト ガ イカサレテ イル 状態デ アル.

8. スベテノ モノ（ヒト モノ カネ 時間 空間）ヲ イカス モノワ イカサレ コレヲ コロス モノワ コロサレル.

9. 人生一切ノ イトナミガ コノ 能率ノ 主旨ニ モトヅイテ オコナワレ ナケレバ 社会ワ 安定セズ 人類ワ 幸福ニ ナレナイ.

10. ソノ タメニワ 個人モ 家庭モ 企業 ソノ他ノ 団体モ ソノ イトナミヲ 能率的ニ 運営スルコトガ 必要デ アル.

出典：学校法人産業能率大学HPより

1．どんな営みをするにもその目的と目標とを明らかにし、まずこれを確立せよ。目的と目標のはっきりしないところには励みが起こらぬ。

2．その目的と目標を達するために、もっとも適合した手段を選んでこれを実行に移せ。

3．もしその手段が目的と目標に適合していないと、あるいはムダあるいはムリを生む。

4．ヒト・モノ・カネをはじめ時間も空間もこれを十分に活用するような目的のために使え。活用が正しくないとやはりムダまたはムリを生む。

5．ムダとムリとはその性質相反し、世の中にムラを作り出す元になる。

6．ムラがひどくなると大事を起こす。常にムダを省きムリを除いてムラを少なくすることに努めよ。これを怠ると社会は不安になる。

7．能率とはムラを減らして全てのヒトとモノとカネとが生かされている状態である。

8．すべてのものを生かすものは生かされ、これを殺すものは殺される。

9．人生一切の営みがこの能率の主旨に基づいて行われなければ、社会は安定せず人類は幸福になれない。

10．そのためには個人も家庭も企業その他の団体も、その営みを能率的に運営することが必要である。

　この『能率10訓』は「３ム」構造解釈を基本としながらも、ものを活かすモノは活かされ、殺すモノは殺されること。人の人生すべてに能率が必要であるということ。そして個人・家庭においても能率的に運用することが必要であるということ。これらを怠ると社会は不安になるということまで言及している。

　さらに、人生一切の営みをこの能率の主旨に基づいて行われなければ人類は幸福になれないと言いきっている。

　上野は「能率」を普及させるにあたってさまざまな工夫を凝らしているが、生産現場を起点とした科学的管理法を上野の言葉として独自な解釈を展開し後世に伝えている。

上野は能率の原則をさらに明確にし、それを組織のみならず個人の生活においても適用すべきであり、方法論や技術面で終わることなく根底にある考え方を含めて修得する必要があるとした。そして能率の考え方を個人の生活にあてはめ『能率5道[(4)]』とし、能率哲学の基本として提唱した。この基本的考え方は「正しい接触」と類似したものであるといえる。

訳

1．**正食**　　我らは誓って正しき食物を摂らん
　　　　　　　肉体を作り精神に培う原料なればなり

2．**正坐**　　我らは誓って正しき姿勢を保たん
　　　　　　　正しき内容には正しき形式を必要とす

3．**正学**　　我らは誓って正しき学問を究めん
　　　　　　　学は須らく東西に通じて偏すべからず

　4．**正信**　　我らは誓って正しき信仰に生きん

　　　　　　　　正しき信仰は正坐正食正学より生ず

　5．**正語**　　我らは誓って正しき言葉を用いん

　　　　　　　　正しき道は正しき言葉によって伝わる

　能率道は「正しい姿勢を保ち」「正しいものを食べ」「正しい学問をし」「正しい信念を持ち」「正しい言葉を使う」ことが能率的な生活、能率的な人生を送る上で重要であると指摘した。道としての能率は人格を離れては成り立たないと考え、上野の最終的な狙いは個人の完成にあったと考えられる。そもそも組織は人ひとりずつの集合体であるので、組織を変革しようと思えば、まず人から変えていかなければ組織は変わらない。

　さらに上野は『オチボ』において「3.能率の観念は、宗教道徳とその根本を同じゅうする、ムリもなく、ムダもなくいずれにもかたよらぬのが能率である。すなわち、能率の根本原理は、孔子の中庸、釈尊の中道の教えと一致するものである。要するに能率即ち中庸である。[5]」「4.科学的管理法とは、中ノ道を発見して、これを実施する方法である。すべてのものが、そのモチマエを100%に発揮することが能率であり、そのモチマエを発見して課程を明らかにする研究が科学的管理法である。この課程は、すなわち仏教でいうところの如来である[6]。」と述べている。上野は昭和32年に世を去ったが、最晩年の昭和31年1月から『大法論』誌上において「たれにもわかるシャカの教えとその一生[3]」という記事の連載を始めようとした。道場(宗教)と能率(科学)は究極において一致するものだという主張であり、『能率5道』の思想はここに起因されたものと考える。85年前から現在の人財開発のトレンドであるマインドに言及し、科学的管理法の根本は哲学であると見抜いている。ホスピタリティ精神において人となる道の灯(あか)りをともしているものはこの能率道であるということも判断できる。

3 ホスピタリティにおける感謝と支えあい

❶感謝の本来の意味

　さらに、自分を効果的に高めていくためには、今の自分の立場を築くために支えてきてくれた人たちを回顧することが必要となる。「自分になされたことを知る」ことが恩を知ることであり、感謝につながる。人は一人では生きていけないということを感じることがホスピタリティでは必要となる。

　今の自分は、自分一人の力だけでなれたのではなく後輩や部下、同僚、上司、他部門などの支援があったはずである。これらのメンバーに今後どのように対応していくのかを検討し行動することによりマネジメントの質が決まる。

　感謝をするということは、特別なことではなく、その存在がありがたいと思うことである。また、それがあるお蔭で自分が助けられていると感じることでもある。

　個人名刺やブログなどの最後に「感謝」と一文字記載する人が増加した。体裁はいいが、乱発しているだけで気持ちが伝わってこず、心からの感謝の言葉になっていない。誰に対して何を感謝し、どう感じているのかが不明確なまま、感謝の言葉の響きだけを快楽的に楽しんでいるにすぎないのである。感謝の気持ちは主語と述語があって成立する。「私たち家族が幸せに健康で生かされていることに対して先祖と社会に感謝します」というように。

　部下に対してもこの論法を使わない限り本来の心は通じない。

　具体的には感謝の対象は「四恩の思想[7]」により大きく次の四つに分かれる。

感謝の対象

家族と自己の関係 自分を生み、育ててくれた両親への恩 家族への恩	**企業と自己の関係** 組織の理解と協力への恩
社会と自己の関係 関係する人たちへの恩	**精神と自己の関係** 世間を離れた精神世界への恩

　感謝の内容と対象を明確にするためには簡単な自分史を思い描くだけでも構わない。その節々に誰からどんな支えがあったのかを思い出す。幼少期は両親や家族であったかもしれない。青年期においては親友や学校の恩師、成人期では会社という組織やステイクホルダーである。また生涯を通して省みると現実を離れた世界での合格祈願やお守りである場合もある。

　これらの対象からどのような支えがあり、自分がどのような恩を感じたのかを明確にすることが感謝の念を持つマインド醸成の基本となる。

▶ 2 「支え」と「支える」側の支え

　どんな状況にあっても自分を支えてくれた人が存在するはずである。重要なことは、「支えている人にも支えが必要である」ということである。援助論では「援助職援助」といい、援助職である自分を援助するセルフケアである。

　困難な状況にあって「支え」てくれた人もそれなりの困難や辛さがあったはずである。では、「自分を支えてくれた人」の「支え」は何なのか？

　それはあなた自身である。支えたことによってあなたが優秀な人間として成長し、組織で認められ管理者になれば、支えた人々は「支えていて良

かった」という気持ちになり、それが支えた人のあなたへの感謝の念につながる。支えられた自分も支えてくれた相手に感謝する。これがホスピタリティの相互扶助の考え方である。

　両者が感謝を認識することがお互いの慈しみとなり、お互いの品格へとスパイラルに向上していくのである。

　ホスピタリティでは、世の中のものすべてが役割を持って存在すると考える。この世に不必要なものは存在せず、すべてが関係性を持って存在している。役に立たないものは社会の構造原理では発生するはずはないのである。

　そして、誰でも相手を支えるだけで役に立つ存在となり得る。

　トナカイは街中でいじめにあっていた。理由は、鼻が赤いだけで街中の笑いものになっていたのである。そのときにトナカイの支えになったのがサンタクロースである。サンタクロースは「お前のその赤い鼻が暗い夜道では役に立つのだ」と役立ちを強調した。トナカイはそれを聞き「今宵こそはと喜んだ」。そして、トナカイは自分を支えてくれたサンタクロースを支えるためにそりを引くのである。「役立ち」と「支え合い」と「感謝」の関係がこのドラマには成立しているのである。

　このように「感謝」「支え」「役立ち」は部下への動機付けに応用ができ、リーダーシップとメンバーシップを円滑に進めるための手段としても活用が可能である。

▶3 援助論の必要性

　ジネディーヌ・ジダン（フランス国籍の元サッカー選手）は、2006年7月9日にベルリン・オリンピアシュタディオンで行われた「2006 FIFAワールドカップ」[8]のイタリア代表対フランス代表の決勝戦において、イタリア代表のマルコ・マテラッツィへの頭突き[9]により退場になった。

　ジダンは頭好突きをして相手を傷付けてもよいと思ったのか。答えはNOである。自分の家族のことをマテラッツィに侮辱をされ、苦しみがあり一人で悩んでいた。

　暴力をふるってもいいということではなく苦しみにより人を傷付けたくなることが誰にでもある。傷付けるとは具体的に暴力、罵声、心ない言葉、放置、押しつけなども含むのである。職場内いじめ、セクハラ、パワハラは同様に相手を傷付ける行為といってもよい。

　なぜ、ジダンが人を傷付けたのかを考えるよりも、自らが相手を傷付けないことを考えることの方が現実的である。

　そのためには幸せになることが必要である。幸せで穏やかな日常を過ごすことにより相手を傷付けることは発想として浮かばない。

　ほんとうの幸せとは私が幸せになるのではなく「私がいることで相手が喜んでくれる存在」になることである。苦しんでいる人は自分のことことをわかってくれる人がいると嬉しいものである。人がなぜ穏やかになれるかというと「支えがあるから」である。人は自分を理解してくれる人がいると嬉しい。

　しかし、良いアドバイスを言うだけでは支えにならない。相手の思いに気付いてあげる、相手からの支えについて気付いてあげることであり、どのような私なら相手を強く支えることができるのかを考えることである。

　そのためにはホスピタリティ精神の平等な立場、自分の肯定、相手の肯定をベースにして相手のことを心配する（無視しない）、気付いてあげる、観察する、思慮することが必要となる。

　職場における援助論はホスピタリティ精神を発揮することにより快適な職場を形成し、職場内いじめ、セクハラ、パワハラなども排除できる可能性を秘めている。

　科学的マネジメント手法も必要だが、マインドにスポットをあてたマネジメント手法を充実することが、今後の職場マネジメントの独自化を目指すための方策となる。

　ホスピタリティを職場マネジメントに活かすことにより、管理者を中心としたホスピタリティ文化ができあがる。これを部門ごとに構築することによりホスピタリティ文化を持つ企業が成立する。

　ホスピタリティ文化が企業の慎みと品格を表し、コンプライアンスもCSRも自然に達成できるのである。

第8章 ここまでのまとめ

1. 自分自身を俯瞰することにより、自分自身の人間性に気付くことが大切である。

2. 自分の魅力を発揮するためにはモチマエを十分に活かすことが求められる。

3. 「心の癖」とうまく付き合うためには、悪い癖を除外しようとする発想は現実的ではない。

4. 心の癖は排除するのではなくそれを受け入れ、自分のこととしてすべてと向き合うことである。

5. 正しい意思決定は正しい接触から経験則となる。

6. すべての原因と答えは自分の中にある。すべてが自分の成す行為であることを認識する。

7. 自分が変わることによってメンバーが変わり職場も変わる。自己革新がキーワードとなる。

8. 本当の幸せとは私が幸せになるのではなく「私がいることで相手が喜んでくれる存在」になることである。

9. 正しい行動を身に付けることによって管理者として正しい意思決定ができる。

10. 今まで自分を支えてくれた人々に自分の思いを伝え、感謝することによって、相手からも感謝の想いが戻ってくる。

▶ 第8章　参考文献

（1）上野陽一（1883年〜1957年）日本の経営学者であり産業心理学者。産業能率短期大学の創始者。フレデリック・テイラーによる科学的管理法を「能率学」と名付け邦訳し、日本における経営学の端緒を開き「能率の父」と呼ばれる。位階勲等は正四位勲二等

（2）学校法人産業能率大学HPより「能率10訓」（https://www.sanno.ac.jp/admin/founder/nouritsu10.html）、2020年1月

（3）上野陽一『シャカの教えとその一生』　産業能率大学出版部、1980年に改めて編集された

（4）1935年に月刊誌『オチボ』（後に「能率道」と改題）を創刊し、1936年2月号で「能率トハ　何ゾヤ」という論文を発表

（5）前掲（2）　1936年2月号、p.2

（6）前掲（2）　1936年2月号、p.2

（7）『大本生心地観経』第2章「報恩品」

（8）2006 FIFAワールドカップは、2006年6月9日から7月9日にかけて、ドイツで開催された第18回目のFIFAワールドカップ

（9）ジダンが暴力に至った理由について様々な推察が行われた。アルジェリア移民2世であるジダン自身への人種差別によるものや、ジダンの妹を侮辱したことが原因であるともいわれた。

あとがき

　本稿はホスピタリティ本来の概念を産業界に広く浸透させ、穏やかな心で仕事に従事できることを念頭に置いて執筆をした。取り上げたテーマ以外にもホスピタリティの適応範囲は存在し、職場や組織全体にその考え方は拡大する。

　ホスピタリティのベースは人倫であり社会倫理であるはずで、これらを確実に理解しなければ健全な組織は成立しない。外面だけの顧客満足、浸透しない方針、業界を代表する企業の不祥事などが存在する理由は、真のホスピタリティを理解し実践していないことが現象として表れているのである。

　組織におけるメンバーや、プライベートにおける人間関係にとって、相手の幸福や安寧を願い、自己中心的な発想を打破し、相手への心配りを真剣に志向することが必要であり、それが「人間らしさ」の根源でもある。人を幸せにすることが組織を良くすることであり、社会を住みやすくすることにもなる。我々は、マザーテレサやダライラマ、ウォルトディズニーと同じ「いのち」で生きている、それは人を幸せに導くことができる「いのち」である。

　誰しも幸せを願い、誰しも人を幸せにできる「ちから」を持っている。この「ちから」を活かし相互発展を実現することがWell Beingである。健全な組織体質と幸せな世の中を構築するためにはホスピタリティがこれからの指針になり得るだろう。

　本書で取り上げたホスピタリティ概念の整理には日本ホスピタリティ・マネジメント学会元会長である服部勝人氏のホスピタリティに関する先行研究が大きく貢献している。さらに高野山大学における密教学の本質がホスピタリティの概念と強く融合し、様々な形で影響を与えている。関係諸氏に謝意を表する。

中根　貢